Claire Cloninger
E-Mail von Gott für Frauen

Widmung

Dieses Buch ist meinen Freundinnen gewidmet;
auch bekannt als:
«Magnolien aus heiligem Stahl»!
Ihr habt mein Leben mit euren Gebeten
stark gemacht.
Ihr habt mir die Last mit eurem Lachen
leicht gemacht.
Ich liebe euch!

Claire Cloninger

Eine kleine Randbemerkung

Die folgenden Mails sind natürlich nicht wirklich «E-Mails von Gott». Sie sind aber von der Autorin Claire Cloninger so geschrieben, dass sie den Texten und Intentionen der Bibel folgen und die dort gemachten Aussagen und Verheißungen Gottes möglichst gewissenhaft aufgreifen. Der Verlag.

Claire Cloninger

E-Mail von Gott für Frauen

BRUNNEN
Verlag Basel · Giessen

Bibliografische Information der Deutschen Bibliothek
Die Deutsche Bibliothek verzeichnet diese Publikation in der Deutschen Nationalbibliografie; detaillierte bibliografische Daten sind im Internet über http://dnb.ddb.de abrufbar.

Die Bibelstellen sind, soweit nicht anders angegeben, der Übersetzung *Hoffnung für alle* entnommen.

Titel der amerikanischen Originalausgabe:
E-Mail from God for Women
erschienen bei Honor Books, P.O. Box 55388, Tulsa, Oklahoma 74155, USA

Aus dem Amerikanischen von Brita Becker

2. Neuauflage 2018
(und damit 10. Auflage insgesamt)

Umschlag: Spoon Design, Olaf Johannson, Langgöns
Foto Umschlag: ostill, Shutterstock.com
Satz: InnoSet AG, Justin Messmer, Basel
Druck: Finidr
Gedruckt in Tschechien

ISBN 978-3-7655-4234-3

Einleitung

Seit meine Schwester Ann und ihr Mann vor zwei Jahren nach Kunming in China gezogen sind, haben wir voller Erstaunen beobachtet, wie wir uns durch unsere «Gespräche» per E-Mail trotz der großen Entfernung irgendwie nahe geblieben sind.

Gott hat seine eigene Methode, seinen Kindern nahe zu bleiben. Er hinterlässt uns ständig Nachrichten in unseren geistlichen E-Mail-Briefkästen; Botschaften, die aktuell sind und ganz persönlich in unser Leben als Frauen des einundzwanzigsten Jahrhunderts hineinsprechen.

Egal, ob Sie Single sind oder verheiratet, ob berufstätig oder Hausfrau und Mutter, Sie haben mit diesem Buch Post bekommen. Auf jeder Seite finden Sie von der Bibel inspirierte Liebesbotschaften, die vom Herzen Gottes direkt in Ihr Herz hineinsprechen wollen. Als E-Mails aufgemacht, sind es Leben spendende Botschaften voller Hoffnung, Humor, Mitgefühl, Mut, Trost und praktischer Ratschläge – geschrieben von unserem Vater im Himmel und adressiert an Sie, seine geliebte Tochter.
Also, warum noch warten? Loggen Sie sich noch heute im Herzen Ihres Vaters ein!

Claire Cloninger

Zeichen-Erklärung:

:-)	fröhliche Bemerkung; Freude
;-)	Augenzwinkern
:-(	traurige Bemerkung
:,-(	Weinen; Trauer
>:-(	zornige Bemerkung
:-o	Staunen

Brunnen Verlag 11:55 100%

Öffne dem Feind nicht die Tür

Macht euch keine Sorgen! Ihr dürft Gott um alles bitten. Sagt ihm, was euch fehlt, und dankt ihm! Gott wird euch seinen Frieden schenken, den Frieden, der … unsere Herzen und Gedanken im Glauben an Jesus Christus bewahrt.

Philipper 4,6–7

Schalom!
>Die Sorge ist ein Feind, der als Freund verkleidet vor deiner Tür steht. Wenn du Probleme hast, sagt die Sorge: «Bleib bei mir, Kind, bleib bei mir. Ich helfe dir, damit fertig zu werden.» Was für eine dreiste Lüge! Die Sorge kann niemals irgendetwas Positives beitragen. Sie ist ein Denkmuster, das sich immer im Kreis dreht, das nur zu noch mehr Sorgen führt, und am Ende lässt sie dich stehen, und dir liegt ein Stein auf der Seele. Und du hast keine Ahnung, was du als Nächstes tun sollst. :-(
Wenn du also hörst, wie die Sorge an deine Tür klopft, dann mach nicht auf. Bete stattdessen. Bitte mich um Hilfe. Vertraue mir. Danke mir. Ich werde dir meine Lösung zeigen, und ich werde meinen Frieden als Wachposten vor die Tür deines Herzens stellen, damit die Sorge draußen bleibt.
Ich schenke dir Frieden,
>Gott

Brunnen Verlag 11:55 100%

Tanzender Friede

Die Frucht aber des Geistes ist Liebe, Freude, Friede, Geduld, Freundlichkeit, Güte, Treue, Sanftmut, Keuschheit …

(Luther 1999) Galater 5,22

Meine Liebe!
>Jemand hat einmal die Freude als «tanzenden Frieden» beschrieben. Kannst du das nachvollziehen? Anders als Fröhlichkeit wird Freude nicht von dem beeinflusst, was um dich herum geschieht. Sie ist vielmehr eine innere Gewissheit, dass ich letztlich alles unter Kontrolle habe. Freude ist die dankbare Erkenntnis, dass ich dich mit einer grenzenlosen Liebe überschütte, die dir niemand jemals wieder wegnehmen kann. :-)
Wenn du voller Freude bist, dann gibt es keinen Platz für Furcht oder Niedergeschlagenheit. Dein Gesicht bekommt einen völlig neuen Ausdruck, und dein Herz wird eine neue Heiterkeit verspüren. Ich ermutige dich, diese geistliche Frucht der Freude gut zu pflegen. Lass deinen Frieden zu einem Freudentanz aufsteigen.
Ich schenke dir Freude,
>Gott

Mein Wort ist die Richtschnur

Fügt meinen Worten nichts hinzu und lasst nichts davon weg! Haltet euch an alle Gebote des Herrn, eures Gottes, die ich euch weitergebe.

5. Mose 4,2

Ich grüße dich!
>Es gibt Hunderte von Büchern, Zeitschriften-Artikeln und Seminaren zum Thema Lebenshilfe. Auch wenn einige davon von Christen geschrieben oder vorgestellt werden und auf meiner Wahrheit basieren, möchte ich dich ermutigen, kritisch zu sein. Einige dieser Lehrer und Schreiber könnte man vergleichen mit Köchen, die einen Eintopf kochen. Sie rühren eine halbe Tasse dieser Philosophie und eine Tasse jenes Glaubens ein, geben einen Teelöffel Bibel hinzu und nennen das dann Christsein. >:-(
Mein reines, unverfälschtes Wort soll deine Richtschnur sein. Füge nichts hinzu und nimm nichts davon weg, und verdünne es nicht mit dem Versuch, die neuesten psychologischen Trends nachzuahmen. Sieh auf mich, der dich durch das Labyrinth der Selbsthilfe-Literatur da draußen führt, und ich sorge dafür, dass du auf dem rechten Weg bleibst.
Der Herr der ganzen Wahrheit,
>Gott

Was geht dir im Kopf herum?

Schließlich, meine lieben Brüder, orientiert euch an dem, was wahrhaftig, gut und gerecht, was anständig, liebenswert und schön ist. Wo immer ihr etwas Gutes entdeckt, das Lob verdient, darüber denkt nach.

Philipper 4,8

Hallo, du hast wieder Post!
>Dein Kopf ist vergleichbar mit einem Kino, in dem die Filme deiner Gedanken, Gefühle und Werte gezeigt werden. Wenn du den Leuten, die an dir vorbeigehen, in den Kopf sehen könntest, würdest du eine Vielfalt von Filmen sehen. Manche würden sich darauf konzentrieren, was der neue Tag an frischen Aufregungen für sie bereithält. Andere würden die Gesichter von geliebten Menschen zeigen. Einige könnten sogar einen mentalen Freudentanz des Lobes offenbaren. Aber du würdest auch andere innere Filme sehen – die egoistischen Träume der Gierigen, die Pornographie und den Müll einer fehlgeleiteten Gesellschaft.
Was geht dir heute im Kopf herum? Wenn die Themen deiner Filme Neid, Furcht oder Begierden waren, dann gestehe sie mir, und ich will dich davon reinigen. Dann will ich meine Filme des Friedens und der Freude einlegen. :-)
Ich mache dich neu,
>Gott

Ich bin dir näher, als du denkst

Denn kein anderes Volk, ganz gleich, wie groß, hat Götter, die ihm so beistehen, wie der Herr, unser Gott, uns beisteht! Wann immer wir zu ihm rufen, hört er uns.

5. Mose 4,7

Mein Friede sei mit dir!
>Ich bin niemals weit weg. Ist dir das eigentlich bewusst? Oder handelst du, als ob ich irgendeine egoistische Berühmtheit wäre, die sich weit weg von dir in einer feudalen Penthouse-Wohnung verkriecht und für deine alltäglichen Probleme keine Zeit hat? Vertraue mir; wenn du dich auf mich einlässt, dann hast du es mit einem Freund zu tun, der mit beiden Beinen auf der Erde steht und dem nicht egal ist, wie es dir geht. :-)
Du brauchst nur an den Stall in Bethlehem zu denken und an das Kreuz auf Golgatha, um dir bewusst zu machen, wie nahe ich dir wirklich bin. Du brauchst nur an die Auferstehung von Jesus zu glauben, um meine Liebe, die in dir wohnt, zu erleben. Wenn du also Mut oder Trost, Weisheit oder Kraft brauchst, denke daran, dass ich weiß, was du durchmachst, und dass ich nur einen Herzschlag weit weg bin.
Ich bin für dich da,
>Gott

Grenzen setzen

Ihr Kinder, gehorcht euern Eltern! So erwartet es Gott von euch. «Du sollst deinen Vater und deine Mutter ehren!» Dies ist das erste Gebot, das Gott mit einer Zusage verbunden hat: «... damit es dir gut geht und du lange auf dieser Erde lebst.»

Epheser 6,1–3

Geliebte Tochter!
>Wie wichtig ist es, Kindern Gehorsam beizubringen! Aus dem Wissen um ihre Grenzen beziehen Kinder ein Gefühl der Sicherheit, und wenn man sie Gehorsam lehrt, setzt man ihnen liebevoll Grenzen. Wenn du deine Kinder dazu anleitest zu gehorchen, dann verhilfst du ihnen zu einem größeren Gefühl der Sicherheit.
Wenn du die Kämpfe, die in der Erziehung unvermeidlich sind, leid und müde bist, dann darfst du wissen, dass deine Anstrengungen die Mühe wert sind. Ich habe deinen Kindern einen freien Willen gegeben, und vielleicht wollen sie sich deiner Erziehung widersetzen. Aber wenn du sie liebevoll und gut erzogen hast, dann wird das Vertrauen, das sie in dich und sich selbst haben, ihren vorübergehenden Widerstand bei weitem überwiegen. Bleibe bei einem liebevollen Plan der Disziplin. Ich bin mit dir, meine geliebte Tochter. :-)
Dein und ihr Vater,
>Gott

Werde locker, und bete mich an!

Als die Menge in der «Stadt Davids» ankam, schaute Davids Frau Michal, die Tochter Sauls, aus dem Fenster. Sie sah, wie der König hüpfte und tanzte, und verachtete ihn dafür.

2. Samuel 6,16

Hallo, meine Liebe!
>David war der am höchsten geschätzte Mann in ganz Israel. Er war ein Held in der Schlacht und ein Held nach meinem Herzen. Dass er die Bundeslade zurück nach Israel gebracht hat, war die krönende Leistung seiner Regierungszeit als König von Israel. Aber er war nicht gerade der Würdenträger seiner Zeit, der sich im formellen Anzug die Prozession ansah, um das Ereignis zu segnen. Nein, er zog sich so etwas wie einen Sportdress seiner Zeit an und führte die Parade an, tanzte und sang Loblieder auf mich. Kannst du dir vorstellen, dass das heutzutage der Staatschef deines Landes machen würde?
Meine Liebe, ich erhöhe meine Kinder nicht, damit sie nur herumsitzen und fromm tun. Ich hebe sie hoch, damit sie frei sind, mir die Ehre zu erweisen und andere zu mir bringen. Tritt nicht in die Falle, und versuche bitte nicht, dich «angemessen» zu verhalten. Wenn meine Parade in deine Stadt kommt, dann wünsche ich mir, dass du in der vordersten Reihe mitmischst und aus Leibeskräften tanzt. ;-)
Ich allein verdiene deine ganze Anbetung,
>Gott

ııll Brunnen Verlag 11:55 100%

Du bist für diesen Job angestellt

Denkt daran: Ihr arbeitet nicht für Menschen, sondern für unseren Herrn Jesus Christus! Er wird euch den Lohn geben, den ihr verdient, ganz gleich, ob ihr nun als Vorgesetzte oder Untergebene euren Dienst tut.

Epheser 6,7–8

Schalom!
>An einem Tag, an dem die Arbeit scheinbar nicht enden will, wenn dein Chef hohe Ansprüche an dich stellt und deine Lieben undankbar sind, dann willst du sicher manchmal nur noch weglaufen. Überleg mal. Du kannst deinen Beruf von zwei Seiten aus betrachten. Einerseits dienst du Menschen – deinem Chef, den Kunden, deiner Familie. Aber auf einer höheren Ebene dienst du mir. Ich bin es, der dich an diese Stelle gesetzt hat, und ich versorge dich mit allem, was du brauchst, um diese Herausforderung zu bewältigen.
Dies ist also deine Mission, wenn du sie annehmen willst. Knie, stell oder setz dich jeden Morgen hin und sage: «Okay, Gott, ich lebe diesen Tag für dich und zu deiner Verherrlichung. Tanke mich auf. Rüste mich aus. Hilf mir, dass ich meine Arbeit für dich heute gut mache.»
Dein Stellenberater, :-)
>Gott

Halte meine Hand

Ihr aber habt dem Herrn die Treue gehalten,
deshalb seid ihr noch alle am Leben.

5. Mose 4,4

Geliebte Tochter!
>Eines der ersten Dinge, die man kleinen Kindern beibringt, ist, wie man sicher die Straße überquert. «Schau nach links und nach rechts, ob ein Auto kommt, und halte meine Hand fest», sagt man. Einige der «Autos», die heutzutage die Sicherheit von jungen Menschen bedrohen, bergen ebenfalls eine tödliche Gefahr: Gewalt, Drogen, Selbstmorde unter Jugendlichen, schwangere Teenager und das Sektenwesen. :,-(
Wie können deine Kinder sicher «die Straße des Lebens überqueren»? Du musst sie vor den möglichen Gefahren warnen. Dabei brauchst du nicht hysterisch zu werden oder zu übertreiben. Zeig ihnen einfach ruhig und einfühlsam die Gegebenheiten. Lass sie wissen, dass du immer für sie da bist, so wie auch ich. Lehre sie, dass es tödlich ist, wenn sie blindlings in die «Autos» des Lebens hineinlaufen. Aber wenn sie sich an mir und meiner Wahrheit festhalten, dann führt sie das zum Leben.
An mir kannst du dich festhalten,
>Gott

Ein geistlicher Kampf

Greift zu den Waffen Gottes, damit ihr alle heimtückischen Anschläge des Teufels abwehren könnt. Denn wir kämpfen nicht gegen Menschen, sondern gegen Mächte und Gewalten des Bösen, die über diese gottlose Welt herrschen …

Epheser 6,11–12

Hallo!
>Welcher General würde seine Soldaten in die Schlacht schicken ohne Waffen, ohne Strategie und ohne Informationen über die Truppenbewegungen des Feindes? Er wäre entweder grausam oder töricht. Vertraue mir, ich bin keines von beidem. Als dein Oberkommandierender möchte ich, dass du vorbereitet bist.
Das Leben auf dem Planeten Erde ist fast buchstäblich ein täglicher Kampf, aber es ist ein geistlicher Kampf, kein körperlicher. Es ist ein Kampf zwischen Gut und Böse, zwischen Richtig und Falsch, zwischen Wahrheit und Lüge. Du wirst meine Rüstung brauchen, um gegen den Feind bestehen zu können. Also setze den Helm des Heils auf, lege den Gürtel der Wahrheit und den Brustpanzer des aufrichtigen Lebens an und zieh die Stiefel der Guten Nachricht an. Nimm den Schild des Glaubens und das Schwert des Geistes. Gewöhne dir an, ohne Mühe und voller Vertrauen zu beten. Und nun, folge mir! :-)
Dein «General»,
>Gott

Brunnen Verlag 11:55 100%

Keiner ist vollkommen

Und haben wir nicht alle unsere Fehler? Wem es freilich gelingt, nur das zu sagen, was dem anderen hilft und ihm nicht schadet, den kann man als vollkommen bezeichnen. Denn wer seine Zunge beherrscht, der kann auch seinen ganzen Körper beherrschen.

Jakobus 3,2

Ich grüße dich von Herzen!
>Die Menschen neigen dazu, alles zu vermasseln. Lies mal die Bibel daraufhin. Die einzige vollkommene Person, die darin beschrieben wird, ist Jesus. Alle anderen waren Sünder: David hatte Uria getötet, damit er mit dessen Frau schlafen konnte. Mose tötete bei einem Streit einen Mann. Petrus leugnete, Jesus zu kennen. Paulus beobachtete wohlwollend die Steinigung von Stephanus. Wenn es den Menschen gelungen wäre, aus eigener Kraft ohne Sünde zu leben, dann wäre das Kreuz nicht notwendig gewesen, und Jesus wäre umsonst gestorben.
Und darum versuche nicht, deinen Kindern, deinem Mann und deinen Freunden gegenüber den Eindruck zu vermitteln, du seist vollkommen. Lerne, verletzlich zu sein. Suche Vergebung für deine eigenen Sünden und vergib den anderen die ihren. Das ist authentisches Christsein. ;-)
Dein Vater, der dir vergibt,
>Gott

Lauf mit Ausdauer ins Ziel

Wie Zuschauer im Stadion die Wettkämpfer anfeuern, so sind diese Zeugen des Glaubens Vorbilder für unseren Kampf. Darum wollen wir alles ablegen, was uns in diesem Kampf behindert … Mit zäher Ausdauer wollen wir … bis zum Ziel durchhalten.

Hebräer 12,1

Ich grüße dich!
>Hast du schon einmal bei den Olympischen Spielen die Läufer bei einem Wettkampf beobachtet? Sie haben trainiert, bis sie kein Grämmchen überflüssiges Fett mehr an ihrem Körper haben. Sie sind total bereit – völlig konzentriert auf das Ziel, den Wettkampf zu gewinnen.
Ich möchte, dass du wie diese Sportler handelst, weil du gewissermaßen das Rennen deines Lebens läufst. Ich habe dir einen anspruchsvollen Kurs gesteckt, aber du bist ja nicht allein. Im Himmel ist eine Zuschauermenge von Heiligen und Engeln, die dich bei jedem Schritt auf deinem Weg anfeuern. «Los, lauf, was du kannst!» rufen sie. «Steh auf! Du schaffst es», brüllen sie, wenn du stolperst. Und wer brüllt lauter als alle anderen? Ich! :-)
Dein dich liebender Trainer,
>Gott

Brunnen Verlag 11:55 100%

Nutze deinen Einfluss

Haltet euch an diese Gebote und befolgt sie; dann werden die anderen Völker sehen, wie weise und klug ihr seid. Wenn sie von euren Gesetzen hören, werden sie sagen: «Dieses große Volk besitzt Weisheit und Verstand!»

5. Mose 4,6

Meine Liebe!
>Du glaubst wahrscheinlich nicht, dass du großen Einfluss hast. Aber glaube mir, du hast ihn! Auf wen du Einfluss hast? Zunächst einmal natürlich auf deine Familie. Du gibst den Ton in der Familie an. Wenn du ruhig bist, ermutigend, humorvoll und hoffnungsvoll, dann breitet sich diese ansteckende Haltung auf deine Familie aus wie eine heilende Salbe. :-)
Du hast auch Einfluss auf andere Menschen, wie zum Beispiel deine Kollegen, deine Nachbarn, die Verkäuferin im Lebensmittelgeschäft und die Bedienung im Schnellrestaurant. Da du für mich lebst, wird mein Charakter durch dich für andere sichtbar. Mein Leben scheint völlig natürlich und liebevoll durch dich hindurch. Und dadurch werden viele von den Menschen, die in deinem Einflussbereich sind, zu mir hingezogen.
Ich bin die Kraft in dir,
>Gott

Brunnen Verlag 11:55 100%

Schau immer nur auf mich

Haltet an dieser Hoffnung fest, zu der wir uns bekennen, und lasst euch durch nichts davon abbringen. Ihr könnt euch felsenfest auf sie verlassen, weil Gott sein Wort hält.

Hebräer 10,23

Mein Friede sei mit dir!
>Wenn die Welt alles wäre, worauf du deine Hoffnung setzen könntest, dann tätest du mir Leid. Die Welt, die ich geschaffen habe, ist wunderschön, ich weiß, aber es ist auch eine Welt voller Enttäuschungen. Dinge nutzen sich ab und gehen verloren, Investitionen zahlen sich nicht aus. Politiker halten sich nicht an ihre Versprechen. Sogar deine zuverlässigsten Freunde und die Menschen, die du liebst, lassen dich manchmal im Stich. :-(
Aber ich bin der Geliebte, der dich niemals im Stich lässt. Meine Versprechen breche ich niemals. Ich bin die Investition, die sich immer auszahlt, und die Hoffnung, die niemals enttäuscht. Also, wenn das Leben dich im Stich lässt, dann wende dich hin zu meiner Liebe, die niemals versagt, und zu meinem Reich, das niemals untergeht.
Dein treuer Vater,
>Gott

Du wurdest dazu geschaffen

Wen Gott nämlich auserwählt hat, der ist nach seinem Willen auch dazu bestimmt, seinem Sohn ähnlich zu werden, dem ersten unter vielen Brüdern.

Römer 8,29

Hallo, Liebes!
>Wie lautet deine Stellenbeschreibung als mein Kind? Du sollst mich dich neu erschaffen lassen nach dem Bild meines Sohnes. Entspann dich. Ich verlange nicht von dir, dass du ein vollkommener Klon von Jesus sein sollst. Das geht überhaupt nicht. Aber wenn du dich von mir mit meinem Geist füllen lässt, dann beginnst du eine erstaunliche Familienähnlichkeit zu ihm zu entwickeln. Du wirst feststellen, dass du deine Zeit viel mehr so verbringst, wie er es getan hat, und dass du die Dinge bald genauso wie er bewertest. :-o
Was war Jesus wichtig? Seine obersten Prioritäten waren seine Beziehungen – zu mir und zu dir und zu anderen Menschen. Das ist nun also die Spielanleitung, liebe Tochter. Öffne dich für meinen Heiligen Geist, und er wird beginnen, dich täglich mehr und mehr in eine Frau zu verwandeln, die sich – so wie Jesus – dazu bekennt, dass sie mich und andere liebt.
Ich bin die Liebe, die dich verändert,
>Gott

Der Schatz meiner Verheißungen

Aber ihr müßt standhaft bleiben und tun, was Gott von euch erwartet. Er wird euch alles geben, was er zugesagt hat.

Hebräer 10,36

Geliebte Tochter!
>Meine Verheißungen für dich sind wie ein vergrabener Schatz, der nur darauf wartet, von dir entdeckt zu werden. Wenn du mit deinem Schiff auf der Suche nach diesem Schatz lossegelst, dann fürchte dich nicht vor den rauen Winden des Lebens oder den aufgewühlten Wellen der Umstände. Fahr immer weiter auf den Schatz meiner Verheißungen zu, die sich niemals in Luft auflösen werden.
Von welchen Verheißungen ich überhaupt spreche? Ich spreche vom Gold meines Wortes, vom Silber meiner Treue und von dem unbezahlbaren Edelstein meiner Gegenwart, um hier nur einige zu nennen!
Lass die Segel gesetzt, mein Kind, und bleib fest auf Kurs.
Ich halte meine Versprechen, :-)
>Gott

Steh fest auf dem Boden

Darum nehmt die Waffen Gottes! Nur gut gerüstet könnt ihr den Mächten des Bösen widerstehen, wenn es zum Kampf kommt.

Epheser 6,13

Sei gegrüßt!
>Eines der schwierigsten, aber auch wichtigsten Dinge im Leben eines Christen ist, stehen zu lernen. Das geschäftige Leben verleitet die Menschen dazu, den «Stillstand» wie eine Plage zu meiden. Manche laufen meinen Plänen davon und machen ihre eigenen Pläne. Manche verlassen sich allein auf ihre eigene Kraft, anstatt auf meine. Manche würden lieber zu einem bequemeren Gestern zurückgehen, als stillzustehen und die Herausforderung zu hören, die ich ihnen genau an diesem Ort geben will. :-(
In einer Welt der Hektik und der Lügen kann es besonders schwierig sein stillzustehen. Du sollst die handfesten Belohnungen kennen lernen, die du bekommst, wenn du einen Ort geistlicher Balance gefunden hast. Also mach ein bisschen langsamer, greif meine Wahrheit auf, nimm deinen Platz in mir ein und steh fest auf dem Boden.
Ich halte dich in der Balance,
>Gott

Brunnen Verlag 11:55 100%

Behalte mich im Gedächtnis

Hütet euch davor, etwas von dem, was ihr gesehen habt, zu vergessen! Erinnert euch euer Leben lang daran, und erzählt es euren Kindern und Enkeln weiter!

5. Mose 4,9

Ist das nicht ein schöner Tag?!
>Ich sehe, dass dein Leben manchmal ein richtiger Krampf geworden ist. In all der Eile und Hektik vergisst du sogar manchmal die ganz wichtigen Dinge. Aber ich ermutige dich, niemals zu übersehen, wie sehr ich dich liebe und wie viel ich für dich getan habe. Lass nicht zu, dass das Auffallende und das Triviale dich von dem Bewundernswerten und dem Ewigen wegziehen. Erinnere dich an meine Treue. Wiederhole in deinen Gedanken die guten Dinge, die ich in deinem Leben getan habe. Nimm dir vor, jeden Tag Zeit mit mir zu verbringen, und diese stillen Momente werden deine Aussichten wieder mit Leben füllen. :-)
Wenn du dich an meine Göttlichkeit erinnerst, dann wirst du einen Springbrunnen voller Freude in dir aufkeimen spüren. Und diese Freude kann schnell auf deine Familie, deine Freunde und auf alle um dich herum überfließen.
Es lohnt sich, an mich zu denken,
>Gott

Brunnen Verlag 11:55 100%

Bitte kehre um

So spricht der Herr, der heilige Gott Israels: «Kehrt doch um zu mir, und werdet ruhig, dann werdet ihr gerettet! Vertraut mir, und habt Geduld, dann seid ihr stark!»

Jesaja 30,15

Mein Friede sei mit dir!
>Manche Leute haben die falsche Vorstellung, dass Reue bedeutet, man müsse sich angesichts seiner Sünden schlecht fühlen. Aber Reue bedeutet nicht, dass man etwas *fühlt*, sondern dass man etwas *tut*. Bereuen heißt umkehren, die Richtung ändern und das Leben von einer anderen Richtung her angehen. Nimm einmal an, du wärst in die Humboldtstraße anstatt in die Lessingstraße gegangen. Würde es dir helfen, wenn du dich wegen deines Fehlers schlecht fühlen würdest? Nein. Solange du nicht umkehrst und eine andere Richtung einschlägst, wirst du nie dein Ziel erreichen. Wenn du also gesündigt hast, dann komm zu mir und bekenne deine Sünden. Ich werde dir gerne vergeben. Und dann mach den wichtigen Schritt und kehre dein Leben um. Ich werde dich gern von neuem zu deinem heiligen Ziel führen und leiten. :-)
Dein dich liebender Vater,
>Gott

Brunnen Verlag 11:55 100%

Lerne zu vergeben

Da fragte Petrus: «Herr, wie oft muß ich meinem Bruder vergeben, wenn er mir Unrecht tut? Ist siebenmal denn nicht genug?» «Nein», antwortete Jesus. «Nicht nur siebenmal. Es gibt gar keine Grenze. Du mußt bereit sein, ihm immer wieder zu vergeben.»

Matthäus 18,21–22

Liebes Kind!
>Grollst du jemandem, dem du vergeben solltest? Wenn das so ist, dann müssen wir uns unterhalten. Zunächst einmal frage ich dich: Wie oft hat Jesus dir deine Fehler und Sünden vergeben? Unzählige Male, nicht wahr? Und nun sieh auf den Menschen, dem du nicht vergeben willst. Wie sehr hat Jesus diesen Menschen geliebt? So sehr, dass er bereit war, für ihn ans Kreuz zu gehen. Wer bist du also, dass du dich zum Richter machen willst?
Jetzt denke einmal hierüber nach: Wie hoch steht die Vergebung auf der Tagesordnung von Jesus? Seine Worte am Kreuz geben dir die einzige Antwort, die du brauchst: «Vater, vergib ihnen.» Ach, meine Tochter, du wirst nie wie Jesus sein, wenn du nicht lernst, immer wieder zu vergeben. Fange heute damit an.
Dein Vater, der dir immer vergeben will,
>Gott

Lass das Licht herein

Und trotzdem ist dieses Gebot neu, weil Christus es verwirklicht hat und ihr jetzt danach lebt.
Denn die Finsternis schwindet, weil das wahre Licht – Jesus Christus – für uns leuchtet.

1. Johannes 2,8

Ich grüße dich!
>Liebe ist das Dachfenster deines geistlichen Hauses. Sie ist der Schlüssel, der die Fenster deines Herzens für mein Licht, meine Wärme und meine heilende Kraft öffnet. Liebe erneuert die Hoffnung. Liebe verbreitet Frieden. Liebe erhellt das trostlose, einsame Herz. Denk einmal über die Schönheit dieser Gabe nach. :-o
Du bist nicht nur dazu berufen, sie zu empfangen, sondern du bist auch aufgefordert, sie weiterzugeben. Und dabei fließt mein Licht in dein Leben und in das Leben der Menschen um dich herum. Wenn du andere liebst, fließen meine reichsten Segnungen zurück zu dir, und du kannst dadurch immer noch mehr lieben. Nutze heute jede Gelegenheit zu lieben, mein Kind. Lass das Licht herein. :-)
Ich bin das Herz der Liebe,
>Gott

Gib dich niemals auf

Wer nun zu Jesus Christus gehört, wird der Verurteilung durch Gott entgehen; er wird leben. Denn für ihn gilt nicht länger das Gesetz der Sünde und des Todes.

Römer 8,1–2

Hallo, da bin ich wieder!
>Du hörst bestimmt zwei Stimmen in deinem Kopf, wenn du etwas vermasselt hast. Stimme Nummer eins sagt laut und hart: «Okay, das war's. Jetzt hast du es wirklich geschafft. Du könntest genauso gut das Handtuch werfen.» Erkennst du diese Art der Argumentation? Es ist der Feind. Sein Hauptziel ist es, dich zum Aufgeben zu bewegen.» :-(
Aber da ist auch noch ein anderer Gedankengang, den du in deinem Kopf hören kannst, wenn dir etwas daneben gegangen ist. Es ist meine leise, feine Stimme, die sagt: «Steh auf, mein Kind. Ich weiß, dass du gefallen bist, aber deine Fehler können vergeben und dein Leben kann erlöst werden. Suche meine Vergebung und vertraue meiner Barmherzigkeit. Ich verurteile dich nicht, und ich werde dich auch nicht aufgeben. Also gib dich selbst auch niemals auf.»
Schalte die Lügen von Stimme Nummer eins aus, meine Liebe, und höre auf meine Stimme der Erlösung!
Der mit der leisen Stimme,
>Gott

Kraft ohne Ende

Für euch alle gilt: Werdet stark durch den Glauben an Christus und im Vertrauen auf seine Macht! Greift zu den Waffen Gottes, damit ihr alle heimtückischen Angriffe … abwehren könnt.

Epheser 6,10

Ich grüße dich!
>Mit der menschlichen Kraft geht es einmal zu Ende. Manchmal fallen sogar die besten Langstreckenläufer nach dem Überqueren der Ziellinie völlig erschöpft ins Gras und ringen nach Atem. Diskus- und Hammerwerfer können große Gewichte über unglaubliche Entfernungen schleudern, aber irgendwann kommen auch sie an ihre Grenzen. Meine Kraft ist anders. Sie hat kein Ende. Wenn du zu mir um Hilfe betest, dann bin ich da wie der Blitz. Ich bin da, bevor du «Amen» gesagt hast. Wenn das Gewicht deiner Probleme dich niederdrückt, nehmen dir meine Arme die Last ab. Und jetzt kommt das Tollste. :-o Ich kann dich mit *meiner* Kraft ausrüsten – warum solltest du dich also auf deine eigene Kraft verlassen? Mach's nicht allein, mein Kind. Ruf mich.
Der, der dir Kraft gibt,
>Gott

Brunnen Verlag 11:55 100%

Ich gebe dir Augen des Geistes

Freilich gehen diese Strapazen nicht spurlos an mir vorüber. Wenn auch meine körperlichen Kräfte nachlassen, wird doch das Leben, das Gott mir schenkt, von Tag zu Tag erneuert.

2. Korinther 4,16

Schalom, meine Liebe!
>Hast du dich schon einmal dabei ertappt, wie du das Leben durch die verzerrte Brille der vergänglichen Welt betrachtet hast? Siehst du, wie die Dinge um dich herum austrocknen, aufgebraucht werden, welken und sterben? Schaust du an jedem Geburtstag in den Spiegel und betrachtest die äußeren Veränderungen – ein paar Falten mehr, vielleicht ein oder zwei graue Haare?
Ach, mein Kind, wenn du doch nur einen Blick durch meine Augen der Liebe erhaschen könntest. Wenn du doch nur die wunderschönen inneren Veränderungen sehen könntest, die Charakterstärke, die geistliche Liebenswürdigkeit, die sich in dir entwickelt. Also wirf die kaputte Weltbrille weg. ;-) Ich gebe dir «Augen des Geistes», damit du dich sehen kannst, wie du wirklich bist: Du wirst jeden Tag schöner.
Die Augen der Liebe,
>Gott

Hüte meine Schafe

Jesus [fragte] den Simon Petrus: «Simon, Sohn des Johannes, liebst du mich mehr als die anderen hier?» «Ja, Herr … du weißt, daß ich dich liebhabe.» «Dann hüte meine Lämmer», sagte Jesus … «Hüte meine Schafe!»

Johannes 21,15–16

Meine teure Tochter!
>Höre mit deinem Herzen. Heute stelle ich dir dieselbe Frage, die Jesus Petrus gestellt hat: «Liebst du mich?» Ich hoffe, dass deine Antwort lautet wie die von Petrus: «Herr, du weißt, dass ich dich liebe.» Und heute gebe ich dir denselben Auftrag, den Jesus Petrus gab – meine Lämmer und Schafe zu weiden und zu hüten.
Meine Lämmer sind die, die noch neu im Glauben sind – ein Kind, ein Nachbar, der geistlich hungrig ist, oder ein junger Freund in der Gemeinde zum Beispiel. Meine Schafe sind die Gläubigen der Herde, die auf ihrem Weg Ermutigung brauchen. Akzeptiere meinen Auftrag. Füttere meine hungrige Herde, mein Kind. Füttere sie mit meinen Worten, meiner Hoffnung, meinem Glauben. Liebe sie mit meiner Liebe. Und bringe sie zu meinem Sohn, der der Weg und die Wahrheit und das Leben ist.
Der, der dich liebend gerne weidet, :-)
>Gott

Höre auf zu vergleichen

Denn ich habe den Befreier gesehen, den du der ganzen Welt gegeben hast. Er ist das Licht für alle Völker, und er wird der Ruhm für dein Volk Israel sein.

Lukas 2,30–32

Geliebte Tochter!
>Betrachtest du manchmal berühmte christliche Frauen und denkst dann, dass ihr Glaube zu einer ganz anderen Kategorie gehört als deiner? «Sie sind die großen Gläubigen», denkst du. «Ich bin nur ein Schmalspur-Christ.» :,-(Hör mal. Ich teile meine Heiligen nicht in Leistungsklassen ein. ;-) Ich habe für deine Erlösung genau denselben Preis bezahlt wie für die Erlösung der berühmtesten christlichen Redner und Theologen auf der Welt. Ich habe das volle Eintrittsgeld für mein Reich bezahlt: das sündlose Leben meines Sohnes.
Also höre auf, dich mit anderen zu vergleichen. Lass mich dir zeigen, wer du in Christus bist. Lass mich dir deine eigene Rettung zeigen und dir offenbaren, wie ich deine Gaben einsetzen will. Dein Glaube an Jesus ist es, der dich in meine Familie gebracht hat. Du bist wertvoll in meinen Augen!
Dein dich liebender Vater,
>Gott

Brunnen Verlag 11:55 100%

Ein einziges Wort als Antwort

Denn nur durch seine unverdiente Güte seid ihr vom Tod errettet worden … weil ihr an Jesus Christus glaubt … dieser Glaube ist ein Geschenk Gottes und nicht euer eigenes Werk … Deshalb kann sich niemand etwas auf seine guten Taten einbilden.

Epheser 2,8–9

Hallo, ich bin es wieder!
>Ich hoffe, du weißt, dass du und ich eine lange, lange Zeit miteinander verbringen werden. Nämlich die Ewigkeit! Aber stell dir vor, ich würde dich fragen, woher du weißt, dass du auf dem Weg zum Himmel bist. Würdest du jetzt antworten: «Weil ich ein guter Mensch bin – zumindest weiß ich, dass ich besser bin als viele andere Menschen»? Über eine solche Antwort wäre ich ganz schön enttäuscht. :-(
Sieh mal, du kannst dir dein Ticket für den Himmel nicht mit Wohlverhalten verdienen. Wenn du besser wärst als andere, würde das überhaupt nichts nützen, denn bei mir gibt es kein Besser oder Schlechter. Auf meine Frage nach dem Himmel erwarte ich eine Antwort, die aus einem einzigen Wort besteht. Und dieses Wort heißt «Gnade». Gnade ist Liebe, die man nicht verdient und die man sich nicht verdienen kann. Jesus zu vertrauen und ihn zu lieben setzt die Gnade in Aktion, die den Himmel zu deiner Heimat macht.
Der, der voller Gnade ist,
>Gott

Das Hinfallen gehört dazu

Sie wuchsen im Gehorsam und in der Hingabe an Gott. Durch das Wirken des Heiligen Geistes wurden viele Menschen für Gott gewonnen.

Apostelgeschichte 9,31

Meine liebe Tochter!
>So wie ein Baby mit seinen Beinchen erst mal gehen lernen muss, so musst du geistlich gehen lernen. Sei nicht überrascht, wenn es zunächst nicht ganz von selbst kommt. Lass dich nicht entmutigen, wenn du hin und wieder hinfällst. Das gehört einfach dazu! In der Vergangenheit hat die Weisheit der Welt deine Schritte geleitet. Nun wird mein Sohn dich führen. Er wird dich über unbekannte Straßen in unvorhergesehene Abenteuer führen. In der Vergangenheit hast du dich vielleicht auf deine eigenen kleinen geheimen und zwanghaften Verhaltensweisen verlassen, die dir Ausgeglichenheit und Trost gegeben haben – wie zum Beispiel zu viel essen, zu viel arbeiten oder zu viel Geld ausgeben. Nun bekommst du deine Ausgeglichenheit und deinen Trost von meinem Heiligen Geist vermittelt. Halte mich bei der Hand, wenn wir in jeden neuen Tag gehen, und du wirst feststellen, wie viel Freude es macht, den Heiligen Geist dabeizuhaben. :-)
Dein Vater, der dich immer festhält,
>Gott

Mein Haus ist wunderschön

Denn im Hause meines Vaters gibt es viele Wohnungen. Wenn es nicht so wäre, hätte ich euch nicht gesagt: Ich gehe hin, um dort alles für euch vorzubereiten.

Johannes 14,2

Hallo, Liebes, Post für dich!
>Benutze deine Phantasie: Stell dir vor, du näherst dich einem wunderschönen Haus auf einem ausgedehnten grünen Rasen. Eine schattige Veranda vor dem Haus lädt dich ein, durch die Tür zu treten – in ein Wohnzimmer mit riesigen Fenstern, die den ganzen Nachmittag das Sonnenlicht hereinlassen. Die Tische sind geschmückt mit frischen Blumen und gerahmten Fotos von lieben Menschen. Der verlockende Duft von Essen erfüllt die Luft, und du bemerkst, dass im angrenzenden Raum der Esstisch mit Kristallgläsern, Porzellangeschirr und Silberbesteck vorbereitet ist. Jemand sagt deinen Namen, und du erkennst die Stimme wieder. Du drehst dich um und blickst in wohlwollende, freundliche Augen. Du wirst in eine herzliche Umarmung eingehüllt. «Sei willkommen, meine Tochter. Endlich bist du zu Hause!»
Diese Szene ist kein Hirngespinst, mein Kind. Sie ist ein Bild der Liebe, die dich im Himmel erwartet. :-)
Der, der dich begrüßen wird,
>Gott

Brunnen Verlag 11:55 100%

Lass mich beim Tanzen führen

Ich setze meine ganze Hoffnung auf den Herrn; voller Sehnsucht warte ich darauf, daß er zu mir spricht.

Psalm 130,5

Hast du ein wenig Zeit?
>Viele Leute setzen Warten mit Zeitverschwendung gleich. Sie betrachten Zeiten des Nichtstuns als vergeudete Zeit. :-(Aber ich betrachte das Warten als den Boden des Glaubens, in dem dein Geist sicher und stark werden kann.
Was wirst du lernen, wenn du bereit bist zu warten? Du wirst lernen, dass du nicht auf alles eine Antwort hast. Und mit der Zeit wirst du feststellen, dass *ich* sehr wohl auf alles eine Antwort habe. Du wirst lernen, dass das Tun, wenn es das falsche Tun ist, mehr Schaden anrichten kann als das Nichtstun. Du wirst lernen, dass der Glaube ein Tanz ist; ein Tanz, bei dem ich führen muss. Du wirst lernen, meiner Persönlichkeit zu vertrauen, während du auf meine Führung wartest, und du wirst lernen, dich in meine Liebe hineinzulegen, auch wenn es still ist. Also konzentriere deinen Geist auf mich und hoffe auf mein Wort, während du wartest.
Es lohnt sich, auf mich zu warten, :-)
>Gott

Halte die Verbindung aufrecht

Ich bin der Weinstock, und ihr seid die Reben. Wer bei mir bleibt, in dem bleibt mein Leben, und er wird viel Frucht tragen. Wer sich aber von mir trennt, kann nichts ausrichten.

Johannes 15,5

Mein Friede sei mit dir!
>Du hast es sicher schon einmal gehört, aber hast du es auch verstanden? Ich bin der Weinstock; du bist die Rebe, durch die der «Saft» meines Lebens fließen und zu guten und lebensspendenden Dingen heranwachsen soll.
Aber es gibt einen bedeutenden Unterschied zwischen dir und einer Rebe. Eine Rebe hat keine andere Wahl. Sie muss mit dem Weinstock verbunden bleiben. Du hast einen freien Willen. Jedes Mal, wenn du dich dazu entscheidest, kannst du dich ausstöpseln und damit beginnen, nach deiner menschlichen Natur zu handeln. Aber wenn du die Rebe deines Lebens von dem Weinstock meiner Liebe abreißt, dann werden all die aufregenden Dinge, die ich durch dich tun wollte, vertrocknen. :-(Nur wenn du mit meinem Geist und mir verbunden bleibst, wirst du weiter zu dem Ziel hin wachsen, das ich für dein Leben vorgesehen habe. Also halte die Verbindung aufrecht, liebe Tochter!
Der Weinstock,
>Gott

Erst beten und dann arbeiten

Kommt, wir wollen ihn anbeten und uns vor ihm beugen; laßt uns niederknien vor dem Herrn, unserem Schöpfer! Denn er ist unser Gott, und wir sind sein Volk. Er kümmert sich um uns wie ein Hirte, der seine Herde auf die Weide führt.

Psalm 95,6–7

Du, ich bin's wieder!
>Als die Kinder Israels nach Jahren des Exils wieder nach Jerusalem zurückkehrten, war ihr erster Auftrag, einen Altar zu bauen. Sie hatten gelernt, dass es nichts Wichtigeres und Wesentlicheres gibt, als mich anzubeten. :-)
Hast du diese überaus wichtige Wahrheit gelernt? Hast du dich dafür entschieden? Schau, ich weiß, dass du viel zu tun hast. Ich weiß, dass es schwer ist, Zeit für mich einzuplanen. Aber ich versichere dir, was immer du heute zu tun hast, wird besser gelingen, wenn du dir zuerst Zeit zum Beten genommen hast. Setze mich an die erste Stelle, und ich werde dir helfen, alle anderen Verpflichtungen der Wichtigkeit nach zu ordnen. Du wirst überrascht sein über das Gefühl des Friedens, das in dein Herz fließt, wenn du mir den ersten Platz einräumst. :-o
Dies ist die Formel: Zuerst beten, dann arbeiten.
Ich bin der Eine, den du anbetest,
>Gott

ıııll Brunnen Verlag 11:55 100%

Mach es mit Freude!

Gott hat jedem von uns durch seinen Heiligen Geist unterschiedliche Gaben geschenkt.

Römer 12,6

Hallo, meine Liebe!
>Warum bist du nur immer allzu bereit, deine Mängel zu sehen, siehst aber nur widerwillig deine Gaben? Stell dir vor, du bereitest eine köstliche Feinschmecker-Mahlzeit für eine gute Freundin zu. Voller Eifer lässt du sie am Tisch Platz nehmen und wartest auf ihre Reaktion. Sie isst den ersten Bissen. Sie kaut. Sie rümpft die Nase und heult: «Es ist nicht ganz durch und zu wenig gewürzt!» Wärst du nicht verletzt und niedergeschlagen? :,-(
Nun, genauso fühle ich mich, wenn du dich dauernd selbst kritisierst und dich weigerst, mit einer so wunderbaren Zukunft zu leben, wie ich sie mir für dich ausgedacht habe. Ich habe dich geschaffen. Ich bin stolz auf dich. Du bist aus einem bestimmten Grund hier. Es ist Zeit, dass du deine beeindruckenden Gaben akzeptierst und damit anfängst, die Freude zu spüren, wenn du diese Gaben für mich einsetzt.
Dein Gaben-Geber,
>Gott

Brunnen Verlag 11:55 100%

Definitiv beeindruckend

Aber er hat zu mir gesagt: «Verlaß dich ganz auf meine Gnade. Denn gerade wenn du schwach bist, kann sich meine Kraft an dir besonders zeigen.» Darum will ich vor allem auf meine Leiden und meine Schwäche stolz sein. Dann nämlich wirkt die Kraft Christi an mir.

2. Korinther 12,9

Hallo, schenkst du mir Zeit?
>Du hast sicherlich schon davon gehört, dass meine Gnade beeindruckend ist. Das ist definitiv so. Meine Gnade ist wie ein Brunnen, der niemals austrocknet. Für jedes Problem ist genügend davon da.
Gesundheitsprobleme? Meine Gnade ist genug.
Geldsorgen? Meine Gnade ist genug.
Beziehungsprobleme? Meine Gnade reicht aus.
Es ist so, dass jeder Umstand, der deine Schwäche sichtbar werden lässt, nur dazu dient, meine Stärke zu zeigen. Jede Situation, die deine Unzulänglichkeit beweist, dient gleichzeitig dazu, dir meine Fähigkeiten zu offenbaren. :-o Also verzweifle nicht an deinen Schwierigkeiten. Sie sollen dich zum Beten veranlassen. Es ist mehr als genug Gnade da für alles, was du brauchst. Kein Wunder, dass alle es beeindruckend finden!
Ich gebe dir Gnade,
>Gott

Brunnen Verlag 11:55 100%

Hast du es dir je verdient?

Gott aber hat uns seine große Liebe gerade dadurch bewiesen, daß Christus für uns starb, als wir noch Sünder waren.

Römer 5,8

Meine geliebte Tochter,
>hast du jemals etwas so Gutes getan, dass du dir redlich verdient hättest, was Jesus auf Golgatha für dich getan hat? Ich denke: Nein! Als du am wenigsten liebenswert warst, ging er ans Kreuz – mit Liebe im Herzen und mit dir in seinen Gedanken. Er dachte nicht: «Na ja, wenn sie in den nächsten Tagen endlich meine Anforderungen erfüllt hat, dann werde ich für sie sterben. Vielleicht wenn sie endlich ihre Schränke aufgeräumt und ihren Kindern Manieren beigebracht und generell alles in den Griff bekommen hat, dann lasse ich mich für sie ans Kreuz nageln.» Was für eine absurde Vorstellung!
Jesus entschied sich für Golgatha, als du es am wenigsten verdient hattest – als deine Sünde am schwärzesten war und dein Glaube am zerbrechlichsten. Also öffne deine Hände und dein Herz und nimm das an, was er dir geschenkt hat: seine Gnade und Liebe für dich.
Der Vater des Gekreuzigten,
>Gott

Brunnen Verlag 11:55 100%

Wir sind eins im Geist

Wenn ihr euch dagegen dem Herrn zuwendet, werdet ihr mit Christus *eins* sein durch seinen Geist.

1. Korinther 6,17

Hast du ein wenig Zeit?
>Ist das einer dieser Tage, an dem du dich so zerrissen fühlst wie ein riesiges Puzzle, dessen Teile alle auf dem Boden verstreut liegen? :-(Vielleicht fühlst du dich so, aber die Wahrheit ist anders: Du bist nicht zerrissen. Als du mir dein Leben anvertraut hast, sind wir im Geist eins geworden.
Mit deinem Körper und deiner einzigartigen Persönlichkeit funktionierst du immer noch als eigenständige Person. Aber in deinem Geist, ganz tief in dir drin, sind du und ich vereint. Jesus sagte: «Mein Vater und ich sind eins.» Genauso ist es mit uns. Mein Geist in deinem Geist ist die Antwort auf deine Gefühle der Zerrissenheit. Also lerne, dein Leben nach dem Geist zu orientieren, und sieh zu, wie sich das Puzzle ganz von allein zusammensetzt. :-)
Der in deinem Herzen wohnt,
>Gott

Brunnen Verlag 11:55 100%

Meine gehende, atmende Antwort

Orientiert euch an Jesus Christus. Obwohl er Gott in allem gleich war, bestand er nicht auf seinen Vorrechten.

Philipper 2,5–6

Sei gegrüßt, meine Liebe!
>Stell dir vor, du könntest heute mit mir zusammensitzen und mich alles fragen, was du über dein Leben wissen willst. Würde es dich überraschen, zu erfahren, dass jede meiner Antworten auf deine vielen Fragen im Leben, im Tod und in der Auferstehung meines Sohnes zu finden ist? :-o
Jesus war meine gehende, redende, atmende Offenbarung an die Menschheit. Er war mein Wort der Wahrheit in Menschengestalt. Seine Entscheidungen, Reaktionen, Gefühle und Entschlüsse zeigen dir, was du über das Leben wissen musst. Er war demütig; ich möchte, dass auch du demütig bist. Er hatte Mitleid; das möchte ich auch von dir. Inmitten all der unerträglichen Schmerzen und der Ängste war er niemals verbittert. Er vertraute mir und vergab anderen. Mit der Kraft meines Geistes kannst du so werden wie Jesus.
Ich bin die Antwort,
>Gott

Brunnen Verlag 11:55 100%

Kraft in deinen Fingerspitzen

Um so fester verlassen wir uns jetzt auf das, was Gott durch seine Propheten zugesagt hat. Auch ihr tut gut daran, wenn ihr darauf hört. Denn Gottes Zusagen sind wie ein Licht, das in der Dunkelheit leuchtet und Klarheit schenkt, bis es endgültig Tag wird …

2. Petrus 1,19

Siehst du meinen neuen Tag?
>Lass in alles, was du heute erlebst, mein Wort hineinscheinen. Womit hast du heute zu tun? (Saftige Rechnungen, aber kein Geld? Eine wichtige Beziehung kriselt? Der alljährliche Arztbesuch mit schlechten Nachrichten?) :,-(Mein Wort wartet nur darauf, zu dir zu sprechen. Vielleicht hast du heute vor allem mit den nervenaufreibenden Enttäuschungen und Unterbrechungen des Alltags zu tun (Schlüssel verloren, einen Plattfuß eingefangen, nervende Kollegen, ein weinendes Baby mit Bauchweh). Hey, mein Wort passt immer und für jede Situation!
Doch jetzt kommt der Haken an der Sache: So, wie du den Lichtschalter betätigen musst, damit die Lampe funktioniert, so musst du auch mein Wort zur Hand nehmen, die Seiten aufschlagen, lesen und glauben – wenn du willst, dass ich dir helfen soll. Also warte nicht. Du hast die Kraft in den Fingerspitzen.
Ich bin dir das Licht,
>Gott

Fragen führen zu Antworten

Dann wandte er sich an Thomas: «Lege deinen Finger auf meine durchbohrten Hände! Gib mir deine Hand und lege sie in die Wunde an meiner Seite! Zweifle nicht länger, sondern glaube!»

Johannes 20,27

Bist du fit?
>Du brauchst dich deiner Fragen nicht zu schämen. Wenn du als Christin noch nie eine Frage oder einen Zweifel hattest, dann wärst du ziemlich ungewöhnlich. Fragen führen zu Antworten. Zweifel führen zum Glauben.
Als die anderen Jünger Thomas erzählten, dass sie Jesus gesehen hatten, zweifelte er. «Erst wenn ich ihn mit eigenen Augen sehe, will ich glauben», sagte er. Jesus hatte die Ernsthaftigkeit der Frage seines Freundes gehört, und er sorgte für die gewünschte Erfahrung, damit ihn diese Fragen in Ruhe ließen. :-)
Kämpfst du heute auch mit irgendeinem Zweifel? Gibt es eine Erfahrung, die andere gemacht haben und du nicht? Sprich aufrichtig mit Jesus und mit mir darüber. Wir wollen deine Fragen beantworten. Lass dich von uns berühren, damit sich deine Zweifel zerstreuen.
Die Liebe, die zum Glauben führt,
>Gott

Brunnen Verlag 11:55 100%

Ich lese in deinem Herzen

Der Herr hat euch doch längst gesagt, was gut ist! Er fordert von euch nur eines: Haltet euch an das Recht, begegnet anderen mit Güte, und lebt in Ehrfurcht vor eurem Gott!

Micha 6,8

Mein Friede sei mit dir!

>Ich habe dich geschaffen, damit du in der Welt etwas veränderst. Heißt das, ich erwarte von dir, dass du dich zur Präsidentin wählen lassen, einem großen Konzern vorstehen oder eine missionarische Anstrengung vollbringen müsstest? Solche Dinge sind sicherlich möglich, aber du musst nichts Großes erreichen, um mir eine Freude zu machen. :-)

Ich möchte, dass du dein Leben aufrichtig und ehrlich lebst, ohne viel Tamtam. Respektiere andere Menschen und behandele sie fair. Sei barmherzig und einfach freundlich, so wie Jesus es war. Und geh mit mir, einen Tag nach dem anderen. Die Mächtigen und Einflussreichen deiner Gesellschaft mögen vielleicht politische und finanzielle Macht an sich reißen, aber das beeindruckt mich nicht. Ich lese in deinem Herzen, nicht in deinen Kontoauszügen. Es sind die Taten unscheinbarer Demut, die in meinem Reich Interesse verdienen.

Der, dessen Wille vollkommen ist,

>Gott

ııll Brunnen Verlag 11:55 100%

Sprich frei heraus

«Aber ihr werdet den Heiligen Geist empfangen und durch seine Kraft meine Zeugen sein in Jerusalem und Judäa, in Samarien und auf der ganzen Erde.»

Apostelgeschichte 1,8

Sei gegrüßt, meine Liebe!
>Bist du schüchtern und ein wenig zurückhaltend, wenn du über deinen Glauben sprichst? Das überrascht mich nicht. Wenn der Glaube echt ist, dann führt das Reden darüber manchmal zu ziemlich starken Gefühlen. Schäme dich niemals deiner Gefühle.
Bete einfach, bevor du redest, und lass meinen Heiligen Geist ans Werk. Er gibt dir seine Kraft und seine Klarheit. Er hilft dir, mit solch einfacher, ehrlicher Offenheit zu reden, dass viele Zuhörer von deinen Worten bewegt sein werden. Diese Leute werden in deinem Leben etwas entdecken, das sie für ihr eigenes Leben auch gerne hätten. Also mach dir keine Gedanken, ob du die richtigen Worte findest. Vertraue meinem Geist und sprich frei heraus. :-)
Dein «Talkmaster»,
>Gott

Bedingungslose Treue

Nur eine Ausnahme gibt es: Kaleb, meinen Diener, der mir immer treu gefolgt ist. Ihn werde ich in das Land bringen, das er bereits gesehen hat.

4. Mose 14,24

Hallo, da bin ich wieder!
>Welche Einstellung wünschst du dir in deiner Beziehung zu deinen Kindern oder den Kindern deiner Bekannten? Ist es eine weinerliche, unreife Reaktion ihrerseits, ein Schulterzucken oder eine freche Antwort? Gefällt es dir, wenn sie zögern und sich nicht trauen, das zu tun, was du ihnen aufträgst? Nein, ich bin ziemlich sicher, dass es dir gefällt, wenn Kinder deinen Anweisungen gern, schnell und freudig folgen. :-)
Für mich gilt genau dasselbe. Dein lebensprühender Glaube und dein vorbehaltloser Gehorsam sind gute Möglichkeiten, mir deine Liebe zu zeigen. Solch eine Einstellung lässt mich wissen, dass du bereit bist, mit meinem Plan fortzufahren. Sie zeigt mir, dass du mir hinsichtlich des Ergebnisses vertraust, auch wenn du nicht alles verstehst. Folge mir bedingungslos, mein Kind.
Der, der die Zukunft kennt,
>Gott

Das Geschäft der Verschönerung

Als Christen ist uns die Herrlichkeit Gottes nicht länger verhüllt. Sie ist für jedermann sichtbar, und je mehr Gottes Geist unser Leben bestimmt, um so mehr bekommen wir Anteil an dieser Herrlichkeit.

2. Korinther 3,18

Ich rede so gern mit dir!
>Liest du manchmal in Zeitschriften Artikel über Verschönerungs-Aktionen, bei denen faszinierende Kleider und raffiniertes Make-up eine einfache Frau in eine erstaunlich attraktive Version ihres früheren Ichs verwandeln? :-o
Ja, auch ich bin im Verschönerungsgeschäft – nur: Meine Verschönerungen sind innerlich und nicht äußerlich. Ich verwandle den Charakter, stärke die Aufrichtigkeit und reinige die Beweggründe eines Menschen. Je mehr du mir vertraust, desto mehr Raum hat mein Heiliger Geist, um in dir seine Arbeit zu tun. Je enger du bei mir bist, desto ähnlicher wirst du meinem Sohn. Also lege dein Leben in meine Hände, und du wirst die Veränderungen mögen, die du an dir entdeckst. Und übrigens: Wahre Schönheit kommt von innen!
Der Meister der Verschönerung,
>Gott

Du betrittst Kriegsgebiet

[Die Waffen Gottes sind mächtig,] einfach alles zu vernichten, was sich stolz gegen Gott und seine Wahrheit erhebt. Alles menschliche Denken nehmen wir gefangen und unterstellen es Christus.

2. Korinther 10,5

Wieder mal eine Mail von mir!
>Stell dir vor, du hörst Sirenen heulen und aus den Lautsprechern kommt die Nachricht, dass du angegriffen wirst. Du würdest dich wahrscheinlich darauf vorbereiten. Bloße Phantasie? Nein. Heute wirst du tatsächlich in einen Kampf verwickelt. Das Schlachtfeld sind deine Gedanken. Aber du bist bereits mit der Wahrheit ausgerüstet. Du weißt, dass du mein Kind bist, und nichts kann dich von meiner Liebe trennen.
Vielleicht hörst du aber heute in deinem Kopf kleine Lügen, die einen Krieg gegen diese Wahrheit anzetteln. Sie könnten versuchen, dir zu sagen, ich sei nicht real, oder ich liebte dich nicht, oder ich könnte dir nicht vergeben. Das sind die Worte des Feindes. >:-(Wenn du ihn hörst, schalte um zu mir und rufe mich. Ich werde deinen Glauben stärken, damit du seine Lügen zerstören und jeden deiner Gedanken in die Hände meines Sohnes legen kannst.
Die überwältigende Wahrheit,
>Gott

Ein Sucher und ein Retter

«Heute ist ein großer Tag für dich und deine Familie; denn Gott hat euch heute als seine Kinder angenommen. Du warst einer von Abrahams verlorenen Söhnen. Der Menschensohn ist gekommen, Verlorene zu suchen und zu retten.»

Lukas 19,9–10

Schenkst du mir etwas Zeit?
>Die meisten Leute haben davon gehört, dass Jesus kam, um die Menschen vor dem Bösen in der Welt und dem Übel in ihrem eigenen Herzen zu retten. Aber manche, die die Bibel nicht gelesen haben, sind nicht so vertraut mit dem Kleingedruckten in dieser guten Nachricht. ;-)
Jesus ist nicht einfach bloß auf unserem Planeten Erde aufgetaucht, hat einen Laden aufgemacht und dann darauf gewartet, dass die Leute zu ihm kommen und ihn um seine Dienste bitten. Jesus ging unter die Leute und hat nach denen Ausschau gehalten, die ihn brauchten. Er durchschaute jede fadenscheinige Entschuldigung, jedes egoistische Motiv, jeden arroganten Eifer. Und er hält immer noch Ausschau nach jeder und jedem, die gerettet werden müssen. Er steht am Abgrund ihres Kummers, ihres Überflusses oder ihrer Einsamkeit und ruft ihnen zu: «Kommt zu mir!»
Dein und ihr Vater,
>Gott

Die beste Art der Beerdigung

Wenn aber dieser vergängliche und sterbliche Leib unvergänglich und unsterblich geworden ist, dann erfüllt sich, was die Propheten vorausgesagt haben: «Das Leben hat den Tod überwunden!»

1. Korinther 15,54

Geliebte Tochter!
>Du würdest dir wahrscheinlich nicht gerade eine Beerdigung als bevorzugte Art der Unterhaltung aussuchen. Niemand freut sich darauf, einem geliebten Menschen Adieu zu sagen. Aber es gibt einen riesigen Unterschied zwischen dem Tod eines Menschen, der mich liebte, und dem Tod eines Menschen, der die Welt geliebt hat. Der Tod des weltlichen Menschen hat eine traurige Endgültigkeit an sich. :,-(Aber der Tod eines Menschen, der mich geliebt und für mich gelebt hat, ist immer auch ein Sieg. :-) Selbst mitten in der größten Trauer kann es deshalb große Freude geben, weil die Trauer mit der Gewissheit durchsetzt ist, dass dieses Kind meines Herzens durch die Tür von der Sterblichkeit zur Unsterblichkeit getreten ist.
Wenn der Tod dich also von einem meiner Heiligen trennt, dann wirst du ihn einst wiedersehen. Na, ist das ein Trost? :-o
Der Sieger über den Tod,
>Gott

Du solltest nichts verpassen

Niemand ist schon deshalb ein bewährter Diener Gottes, weil er sich selbst empfiehlt. Entscheidend ist, daß Gott ihm ein gutes Zeugnis ausstellt.

2. Korinther 10,18

Ich habe gerade an dich gedacht …

>Hattest du schon einmal das Gefühl, dass niemandem auffällt, wie sehr du dich anstrengst, wie tief du liebst, wie viel du bei allem, was du tust, mit einbringst? :-(Verschwende keine weitere Zeit, solchen Gedanken nachzuhängen. Ich übersehe nichts. Ich sehe jede Freundlichkeit, ich höre jedes Gebet, ich bin bei jedem Schritt des Glaubens dabei. :-)

Widerstehe also dem Drang, dein eigener Presse-Agent zu sein, damit die Leute auf dich aufmerksam werden. Wenn du mit deinen guten Taten herumprahlst, dann wird das nur deine Belohnung zerstören. Lass *mich* doch stattdessen dein Presse-Agent sein. Ich werde dich auf meine Art belohnen, und zwar dann, wenn ich es für richtig halte. Und merke dir: Die Zustimmung von anderen ist auf lange Sicht sowieso nicht von Bedeutung. *Meine* Zustimmung ist das, was zählt. Also: Wenn es scheint, dass dich niemand beachtet, dann vertraue mir. Ich tue es auf jeden Fall!

Ich weiß alles und kümmere mich um dich,

>Gott

Brunnen Verlag 11:55 100%

Ich bin der Eigentümer

Gott hat einen hohen Preis gezahlt, um euch freizukaufen; deshalb dient nun auch mit eurem Leib dem Ansehen Gottes in der Welt.

1. Korinther 6,20

Ich wünsche dir einen wunderschönen Tag!
>Auto fahren kann zur zweiten Natur werden. Die meiste Zeit denkst du nicht einmal darüber nach. Vieles geschieht fast mechanisch. Aber stell dir vor, eine reiche Freundin würde dir ihren nagelneuen Mercedes ausleihen. Würdest du nicht plötzlich viel besser auf diesen schicken fahrbaren Untersatz aufpassen? ;-)
Genau darauf will ich hinaus. Du bist wie dieser Mercedes. Du bist sehr wertvoll, und du gehörst dir nicht allein. Ich habe dich gekauft und mit dem Blut meines Sohnes für dich bezahlt. Und dein Körper ist dir nur geliehen, solange du lebst. Also denk daran, wem dein Körper gehört, und pass auf ihn auf: Überlege dir, was du isst und trinkst, wie viel Ruhe du brauchst, mit wem du dich abgibst und mit welchen Gedanken du dich beschäftigst. Und außerdem, lass auf jeden Fall meinen Heiligen Geist ans Steuer.
Ich bin der Eigentümer,
>Gott

Zorn kann Gift sein

Plant nichts Böses mehr gegen mich, auch wenn ihr zornig seid!
Nehmt euch Zeit, besinnt euch und gebt endlich Ruhe!

Psalm 4,5

Ich habe einen interessanten Gedanken für dich:
>Hast du schon einmal gesehen, wie eine Chemiefabrik giftige Abgase in die Atmosphäre geblasen hat? Das unerfreuliche Ergebnis davon ist, dass die Atmosphäre dadurch verschmutzt wird und die Leute das Gift einatmen. >:-(
Mit dem Zorn verhält es sich genauso. Er kann die Atmosphäre deines Heims vergiften, wenn du ihn ausbrechen lässt. Es ist nichts Falsches daran, ärgerlich zu sein, aber ein Wutausbruch kann viel kaputtmachen.
Was ich dir vorschlage? Warte ab. Denke ruhig nach und bete. Überleg dir, was du fühlst und warum du es fühlst. Oft steckt hinter deinem Zorn ein heimlicher Berg verletzter Gefühle. Wenn du deinen Zorn erst einmal verstanden hast, dann bitte mich um Hilfe, damit wir uns gemeinsam mit dem befassen, was dich verletzt oder geärgert hat. Ich werde dir Worte der Vernunft und der Versöhnung geben.
Der ultimative Friedensstifter,
>Gott

Brunnen Verlag 11:55 100%

Reiß dir kein Bein aus

Denn die Liebe Christi drängt uns … Denn Gott war in Christus und versöhnte die Welt mit sich selber und rechnete ihnen ihre Sünden nicht zu …

(Luther 1999) 2. Korinther 5,14+19

Geliebte Tochter!

>Was drängt dich, morgens aufzustehen? Was bringt dich dazu, deine Arbeit zu erledigen? Versuchst du immer noch, es deinen Eltern recht zu machen, die von dir erwarten, dass du in allem überdurchschnittlich bist? Versuchst du, die Vorzeige-Hausfrau deiner Nachbarschaft zu sein? Versuchst du, eine Superfrau zu sein, die alles schafft – eine, die vollkommene Kinder aufzieht, eine ideale Ehe führt oder bei der Arbeit jeden aussticht? Kein Wunder, dass du jeden Abend völlig erschöpft in dein Bett fällst.

Jetzt fang noch einmal ganz von vorne an, mein Kind, und analysiere deine Beweggründe. Warum reißt du dir nur für all das ein Bein aus? Bitte Jesus, dass *er* das Motiv hinter allem ist, was du tust, und du wirst merken, wie deine Müdigkeit von dir weicht. Hör auf seine Worte: «Kommt zu mir. Ich werde euch Frieden geben.» :-)

Der dich in Liebe drängt,

>Gott

Brunnen Verlag 11:55 100%

Hilf gern und gib reichlich

Ihr seid in so vielen Dingen überaus reich gesegnet: in eurem Glauben ... und durch die Liebe, die wir in euch geweckt haben. Seht zu, daß sich dieser Reichtum auch in eurer Hilfsbereitschaft ... zeigt.

2. Korinther 8,7

Hallo, meine Liebe!
>Ich möchte tatsächlich, dass du in gewissen Dingen unübertroffen bist – besonders im Helfen und Geben. Was zeichnet einen Menschen aus, der gern gibt und hilft? Ein solcher Mensch hat immer offene Hände und ist stets bereit, mit anzupacken. Wer gern gibt und hilft, hat seine Antenne auf meinen Geist und auch auf die Bedürfnisse anderer ausgerichtet. Wenn ein solcher Mensch spürt, wie mein Geist ihn dazu anstößt, zu helfen und zu geben, dann befolgt er diese Anweisungen. Wer freigiebig und hilfsbereit ist, der weiß, dass alles, was ihm gehört, mein Eigentum ist. Und er weiß, dass sein Geben mir auf feine Art ermöglicht, meine Ressourcen von einem meiner Kinder auf ein anderes zu übertragen. Ein freigiebiger Mensch schenkt Zeit, Aufmerksamkeit, Zuwendung, Bestätigung und auch Geld. Und wenn er selbst derjenige ist, der etwas bekommt, dann nimmt er es dankbar an.
Ich verteile großzügig das vollkommene Geschenk, :-)
>Gott

Eine Familie des Glaubens

Gott, mit unseren eigenen Ohren haben wir's gehört; unsere Väter haben uns erzählt, was für große Taten du zu ihrer Zeit vollbracht hast – doch das liegt schon lange zurück!

Psalm 44,2

Schalom, meine Liebe!
>Wie hast du zum ersten Mal von mir gehört? Aus einem Buch? In einem Gottesdienst? Hat dir eine Freundin von mir erzählt? Oder wurde der Glaube seit Generationen in deiner Familie weitergegeben?
Ich arbeite sehr gern mit Familien. :-) Ich möchte gerne das Band sein, das Eltern und Kinder, Männer und Frauen, Brüder und Schwestern durch gute und schlechte Zeiten hindurch verbindet. Ich baue liebend gerne eine ewige Straße, auf der ganze Familien auf einmal in die Arme meines Reiches reisen können.
Wenn du die Erste in deiner Familie bist, die an mich glaubt, dann beginne jetzt, für deine Familienmitglieder zu beten. Wenn ich es für richtig halte, werde ich dir zeigen, wann und wie du ihnen von deinem Glauben erzählen sollst. Vertraue mir und glaube. Ich will dein Gebet dazu nutzen, aus deiner Familie eine Familie des Glaubens zu machen.
Der Vater deines Glaubens,
>Gott

Oft die wahren Sieger

Glücklich sind, die erkennen, wie arm sie vor Gott sind, denn Gottes Herrschaft und Herrlichkeit gehört ihnen.

Matthäus 5,3

Mein Friede sei mit dir!
>Wie viele Menschen kommen zu mir, wenn sie gesund, wohlhabend und glücklich sind? Es sind eher wenige. Viel mehr Menschen scheinen mich dann zu finden, wenn sie am Ende und ganz verzweifelt sind. Wenn es dir schlecht geht, dann fällt dir ein, dass es Zeit ist, nach oben zu schauen. Wenn du am Ende bist, dann bist du am Fuß des Kreuzes.
Jesus hat einmal gesagt: «Glücklich sind, die erkennen, wie arm sie vor Gott sind, denn Gottes Herrschaft und Herrlichkeit gehört ihnen.» Er wusste, dass die Menschen, denen es schlecht geht, die ausgestoßen und irgendwie am Ende sind, einen geistlichen Vorteil gegenüber anderen Menschen haben, denen es gut geht. Diejenigen, die gut dran sind, glauben, dass sie alles unter Kontrolle haben. Aber diejenigen, denen es schlecht geht, wissen, dass sie mich brauchen. Und darum sind sie am Schluss oft die wahren Sieger.
Der, der das Himmelreich mit dir teilen will,
>Gott

Brunnen Verlag 11:55 100%

Ein Erlöser für alle Menschen

Christus ist gekommen und hat seine Friedensbotschaft allen gebracht, die fern von Gott lebten, und allen, die nahe bei ihm waren. Durch Christus dürfen jetzt alle, Juden wie Heiden, vereint in *einem* Geist, zu Gott, dem Vater, kommen.

Epheser 2,17–18

Hast du Kraft und ein offenes Ohr?

>Weißt du, Jesus ist ein Erlöser für alle Menschen. Als er auf die Erde kam, um meine Friedensbotschaft zu bringen, da galt sie nicht nur den Superfrommen. (Die Superfrommen enttäuschten ihn sogar am meisten. :-(Aber er hat durch ihr frommes Getue hindurch immer ihren verborgenen Stolz erkannt.)

Jesus kam für jeden Einzelnen. Er brachte die gute Nachricht, damit jede und jeder eine Beziehung mit mir haben kann.

Bist du mir heute nahe? Weißt du, dass du mein Kind bist? Oder bist du weit weg? Fühlst du dich in meiner Gegenwart unwohl oder gar unwürdig? Die Wahrheit ist: Wäre Jesus nicht gewesen, könnte kein Mensch voller Zuversicht zu mir kommen. Aber seinetwegen ist es für jeden möglich. Darum komm heute zu mir, egal wo du innerlich stehst – ob nahe oder fern.

Ich warte auf dich,

>Gott

Brunnen Verlag 11:55 100%

Es gibt ein Rettungsnetz

Denn du hast mir immer geholfen; ich preise dich, unter deinem Schutz bin ich sicher und geborgen. Ich klammere mich an dich, du hältst mich mit deiner starken Hand.

Psalm 63,8–9

Hallo, ich bin's mal wieder!
>Scheint es dir manchmal, als ob du auf einem Drahtseil der Angst über einem Meer von schlechten Nachrichten balancierst? Die täglichen Schlagzeilen vom Hunger in der Welt, von Rassenunruhen, Drogen, Gewalt, weltweiten Konflikten und einer schwankenden Wirtschaftslage verursachen bei dir wackelige Knie. :-(
Ich möchte, dass du lernst, voller Zuversicht durch die Welt zu gehen. Ich möchte, dass du weißt, dass meine Arme das Rettungsnetz unter allen Unsicherheiten des Lebens sind. In welcher Situation die Welt auch ist, du kannst auf meinen Schutz vertrauen und dich an meinem Frieden festhalten. Wenn du mit mir gehst, mir vertraust und mir gehorchst, dann kannst du nicht tiefer fallen als in meine starken Arme. Wenn also die Schlagzeilen wieder schlechte Nachrichten bringen, dann konzentriere dich auf dieses «bisschen» gute Nachrichten: Ich bin bei dir. Und zwar auf Dauer. ;-)
Dein Sicherheitsnetz,
>Gott

Ich bin ein «Papa» für dich

Ich schreie zum Herrn: «Hilf mir doch!» Er hört mich in seinem Heiligtum und antwortet mir. Darum kann ich beruhigt einschlafen, denn ich weiß: Gott beschützt mich.

Psalm 3,5–6

Ich muss dir wieder schreiben!
>Vielleicht stellst du dir im Geiste vor, ich wäre der Generaldirektor des Universums, der hektisch ganze Truppen von Engeln losschickt, der die Sterne auf ihrem Kurs hält und die Fluten zurückdrängt. Ich möchte, dass du dein Bild von mir als gestresstem Geschäftsmann im dunklen Anzug korrigierst. Stell dir lieber vor, dass ich ein Papa bin, der es sich mit dir zu Hause in Freizeitkleidung gemütlich macht. Ich bin hier, um an deinen Sorgen und Freuden teilzuhaben – um deine Erfolge mit dir zu feiern :-) und über deine Fehlschläge zu trauern. :,-(Ich bin niemals zu beschäftigt, um mir deine Probleme anzuhören und dir zu helfen. Ich liebe deine Kinder noch mehr als du. Ich möchte viel mehr als du, dass deine Ehe gelingt. Bring alles, Gutes und Schlechtes, zu deinem Papa, der dich liebt. Schütte mir ganz offen dein Herz aus. Ich bin niemals zu beschäftigt, um dir meine Zeit zu schenken und bei dir zu sein.
Dein Paps, :-)
>Gott

Brunnen Verlag 11:55 100%

Die Hoffnung verändert alles

Ihr sollt doch nicht trauern wie die Menschen, denen die Hoffnung auf das ewige Leben fehlt.

1. Thessalonicher 4,13

Sei gegrüßt, meine Liebe!
>Wenn das Leben in einem Paket geliefert werden würde, für jeden Kunden eines, dann wäre der Inhalt jedes Pakets ein anderer – aber jedes Paket würde ein wenig Schmerz und Trauer enthalten. Niemandem bleiben diese Tatsachen erspart. Aber wenn du dein Vertrauen in mich setzt, dann kann ich dir ein Geschenk machen, das jede schlechte Zutat im Lebenspaket verwandeln kann. Es ist das Geschenk der Hoffnung. :-)
Hoffnung ist das aufsteigende Lied des Sieges, das durch das Schweigen der Niederlage hindurchbricht. Hoffnung berührt den Winter des Herzens mit dem Frühling eines neuen Anfangs. Hoffnung hält dem Tod die Verheißung der Ewigkeit entgegen. Wenn du also eine schwere Zeit durchmachst, dann greife in dein Lebenspaket und hole mein Geschenk der Hoffnung heraus. Sie wird dich auf die andere Seite begleiten.
Der, der dir Hoffnung gibt,
>Gott

ıııl Brunnen Verlag 11:55 100%

Die Güte in deinem Leben feiern

Sie sollen den Herrn preisen für seine Gnade und für seine Wunder, die er uns Menschen erleben läßt.

Psalm 107,21

Ich hab' da gerade so einen Gedanken …
>Als David die Bundeslade, das Zeichen meiner Gegenwart, zurückbrachte und sie mitten unter mein Volk stellte, jubelten die Menschen. :-) Sie sangen und tanzten und dankten. Sie erinnerten sich an all die Gelegenheiten, bei denen ich sie gesegnet und gerettet hatte.
Wie lange ist es her, dass du solch eine Welle der Freude verspürt hast? Wie lange ist es her, dass du meine Güte in deinem Leben gefeiert hast? Wenn du nicht täglich meine Liebe feierst, dann liegt das vielleicht daran, dass du mir dein Leben noch einmal ganz neu übergeben musst. Vielleicht musst du mir wieder den Platz mitten in deinem Herzen einräumen, der mir eigentlich zusteht (oder nicht?).
So wie die Rückkehr der Bundeslade an ihren rechtmäßigen Platz zu Anbetung und Feiern führte, so wird auch die Rückkehr meines Friedens und meiner Hoffnung in dein Leben dasselbe bewirken.
Der, dem du das glauben darfst,
>Gott

Brunnen Verlag 11:55 100%

Ein neues Porträt von mir

Du bleibst nicht für immer zornig, sondern läßt Gnade vor Recht ergehen ... Ja, der Herr wird wieder Erbarmen mit uns haben und unsere Schuld auslöschen. Er wirft unsere Sünden ins tiefste Meer.

Micha 7,18–19

Hallo, ich bin's mal wieder!
>Wenn du dir mein Gesicht vorstellst – ist es mürrisch und verärgert? Ist es grausam und rachsüchtig? Falls du mich so siehst, dann wird es Zeit, dass du mich ein neues Porträt von mir in dein Herz malen lässt.
Ich will dir meine Augen des Mitleids zeigen – Augen, die über deine Niederlagen und Fehler hinwegsehen und auf deine Stärken, deine Begabungen und dein sanftes Herz blicken. Ich will dir meine vernarbten, heilenden Hände zeigen, mein Herz, das jedes deiner Gebete hört, meine Stimme, die dir Trost, Ermutigung, Vergebung und Hoffnung zuspricht. Ich will dir meine Arme zeigen, die sich danach sehnen, dich endlich in meiner Gegenwart willkommen zu heißen. Wenn dein Bild von mir falsch ist, dann sag mir: Wie kann dann deine Beziehung zu mir richtig sein? :-(Ich will dir zeigen, wer ich wirklich bin. Heute, wenn ich darf.
Dein barmherziger Vater,
>Gott

Brunnen Verlag 11:55 100%

Halte deinen Schutzschild hoch!

Deshalb seid vorsichtig! Gerade wenn jemand denkt: «So etwas kann mir doch nicht passieren!», muß er besonders aufpassen.

1. Korinther 10,12

Schalom, meine Liebe!
>Wann ist ein Bergsteiger am meisten in Gefahr? Paradoxerweise nicht, wenn er auf einem höchst schwierigen Aufstieg ist, denn dort wird er besonders vorsichtig sein. Nein, er ist wahrscheinlich auf einem bequemen Pfad viel eher in Gefahr, den festen Tritt zu verlieren, weil er dort alle Vorsicht in den Wind schlägt und plötzlich etwas leichtsinnig wird. Genauso ist es mit dem geistlichen Leben. Wenn du besonders großen Versuchungen ausgesetzt bist, dann bist du wahrscheinlich auch besonders aufmerksam und vorsichtig. Du rufst mich, und ich helfe dir, standhaft zu bleiben. Aber wenn alles ganz gut läuft, dann ist man leicht versucht, den Schutzschild sinken zu lassen und unvermittelt irgendeine geistliche Böschung hinunterzurutschen. :-(Lass das nicht geschehen. Lass deinen Schutzschild nicht sinken. Du brauchst mich jeden Tag, an jedem Ort.
Ich bin der Eine, der dir hilft standzuhalten,
>Gott

Geh nicht ohne mich aus dem Haus

Denke bei jedem Schritt an [Gott]; er zeigt dir den richtigen Weg und krönt dein Handeln mit Erfolg.

Sprüche 3,6

Ich muss dir etwas Wichtiges sagen:
>Wenn sich Pioniere aufmachten, um ein neues Land zu erkunden, dann hatten sie keine Landkarten, auf die sie sich verlassen konnten. Darum sind sie niemals losgegangen, ohne ein unentbehrliches kleines Gerät mitzunehmen, einen Kompass. Sie stellten ihre grobe Richtung fest, und viele Male während der Reise überprüften sie mit Hilfe des Kompasses, ob sie noch in die richtige Richtung gingen.
Du bist auch auf einer Reise. Kein anderer auf dieser Erde hat jemals genau denselben Weg genommen, den ich für dich ausgesucht habe. Die sicherste Art, auf dem richtigen Weg zu bleiben, besteht darin, dass du mich in allem, was du tust, ehrst und anerkennst. Sprich mit mir. Höre auf mich. Überprüfe dein Verhalten an meinem Wort. Dann werden deine Füße auf dem richtigen Weg bleiben. Das ist ein Abenteuer! Bist du nicht froh, dass wir es gemeinsam angehen? :-)
Dein innerer Kompass,
>Gott

Richte dich nach meinem Plan

Halte dich nicht selbst für klug; gehorche Gott und meide das Böse! Das heilt und belebt deinen ganzen Körper, du fühlst dich wohl und gesund.

Sprüche 3,7–8

Ich hab' da einen Gedanken:
>Verfolgst du deinen eigenen persönlichen Lebensplan? Hast du Dinge gesagt wie: «In dem Alter werde ich heiraten. Zu der Zeit werde ich Kinder haben. Dann konzentriere ich mich auf meine Karriere» und so weiter? Dein Aktionsplan mag sehr vernünftig aussehen, so wie du die Dinge siehst. Aber das ist wie mit dem alten Sprichwort «Man sieht den Wald vor lauter Bäumen nicht». Du bist zu nahe an deinem eigenen Leben, als dass du die für dich notwendige Perspektive und Gesamtschau haben könntest.
Ich bin über dir, hinter dir, neben dir und in dir, und das eröffnet mir eine einzigartige Perspektive. Und noch viel schwerer wiegt, dass ich dich geschaffen habe, und ich weiß, was für dich das Beste ist. Also mach dich nicht mit deinen eigenen Plänen auf den Weg. Vertraue mir, dass ich dir meine zeige. Und dann folge ihnen.
Ich weiß hundertpro, was das Beste für dich ist,
>Gott

Brunnen Verlag 11:55 100%

Mach dich nicht kaputt

Er hat sein Leben für unsere Sünden hingegeben und hat uns davon befreit, so leben zu müssen wie diese vergängliche, vom Bösen beherrschte Welt.

Galater 1,4

Mein geliebtes Kind!
>Hast du dich schon einmal dabei ertappt, dass du über andere getratscht hast – abfällige Bemerkungen über einen anderen Menschen gemacht hast, ohne dass du es wolltest? :-(Anschließend überkommt dich dann immer eine geistliche Müdigkeit. Weißt du, warum? Es gibt nichts, das einen Menschen mehr erschöpft als die Sünde. Du wurdest nicht dazu geschaffen, anderen mit Worten oder Taten Schaden zuzufügen. Du wurdest nicht dazu geschaffen, den Charakter eines anderen Menschen anzugreifen. Sündigen heißt, gegen den Strom meines Willens zu schwimmen, und das zehrt dich ganz sicher jedes Mal auf. Mein Weg ist der des Friedens und der Liebe und der Ruhe, und du kannst ihn nur finden, wenn du meinem Sohn vertraust. Mach dich doch nicht kaputt. Die Sünde ist niemals den Preis wert, den du dafür zu zahlen hast.
Der Weg der Ruhe,
>Gott

Brunnen Verlag 11:55 100%

Ich bin und bleibe dein Vater

Ich bleibe derselbe; ich werde euch tragen bis ins hohe Alter, bis ihr grau werdet. Ich, der Herr, habe es bisher getan, und ich werde euch auch in Zukunft tragen und retten.

Jesaja 46,4

Meine liebe Tochter!
>Planen deine Freunde für deinen diesjährigen Geburtstag eine «Trauerfeier» mit schwarzen Luftballons? Machen sie dumme Witze, dass sie die Feuerwehr rufen müssen, wenn sie alle Kerzen auf deinem Geburtstagskuchen anzünden? Oder dass sie dir über die Straße helfen werden? Lass dich nicht anstecken von dieser lustig-traurigen Art, das Älterwerden zu betrachten.
Weißt du nicht, dass du immer mein kleines Mädchen sein wirst – mein Augenstern und die Freude meines Herzens? Deine Schönheit hat kein Alter, und dein Wert ist zeitlos. Also betrachte dich durch Augen der Liebe, so wie ich dich sehe. :-) Schmücke dein Herz mit vielen bunten Ballons, und freue dich über ein weiteres Jahr, das du als mein Kind erleben darfst.
Dein himmlischer Vater,
>Gott

Brunnen Verlag 11:55 100%

Beginne den Himmel zu üben

Richtet eure Gedanken auf Gottes kommendes Reich und nicht auf das, was diese Welt zu bieten hat.

Kolosser 3,2

Hast du schon einmal daran gedacht?
>Da du die Ewigkeit im Himmel verbringen wirst, warum fängst du nicht schon einmal an, hier und jetzt den Himmel zu üben? Lebe in Gedanken in den Sternen und komm heraus aus der Gosse. Lebe in niemals endender Hoffnung, anstatt in dauernder Sorge.
Ich bin schon jetzt für dich da, ich stelle dir himmlische Dinge in dein Leben. Ich umgebe dich mit ewigen Schätzen. Ich trockne deine Tränen und lindere deine Schmerzen. Ich stärke dich, wenn du schwach bist, und fülle dich, wenn du dich leer fühlst. Weil ich diese himmlischen Dinge für dich mache, möchte ich, dass du beginnst, in jeder irdischen Situation Frieden, Lobpreis und Vollkommenheit zu üben. Denn das ist die Art und Weise, in der du die Ewigkeit verbringen wirst. ;-)
Dein Himmel auf Erden,
>Gott

Brunnen Verlag 11:55 100%

Eine andere Art Vater

Ich aber werde mich an den Bund erinnern, den ich mit dir in deiner Jugend geschlossen habe. Einen neuen Bund will ich mit dir eingehen, der für alle Zeiten bestehen bleibt.

Hesekiel 16,60

Hallo, du!
>Was für einen Vater hattest du, als du aufgewachsen bist? War er auf sich selbst fokussiert und häufig viel zu sehr mit seiner Arbeit beschäftigt? Hat er schon einmal deinen Geburtstag verpasst oder Versprechen vergessen, die er dir gegeben hatte? :,-(Wenn du einen solchen Vater hattest, dann verwechsle mich nicht mit ihm.
Ich bin kein vergesslicher Vater. Ich denke an den Tag, als ich dich geschaffen habe, und ich erinnere mich an den Moment, als du dich entschieden hast, deine ersten geistlichen Schritte zu tun. Ich bin bei jedem wichtigen Ereignis deines Lebens dabei gewesen und habe dich angefeuert. Ich bin nie zu beschäftigt, um bei meiner lieben Tochter zu sitzen und mich mit ihr zu unterhalten. Und was ich dir versprochen habe, das werde ich auch ganz bestimmt halten. Vertraue mir, meine Tochter, dass ich ein guter und treuer Vater bin – der Vater, den du immer gebraucht hast.
Ich halte den Bund,
>Gott

Genieße den Entstehungsprozess

Ihr Männer, liebt eure Frauen so, wie Christus seine Gemeinde liebt, für die er sein Leben gab, damit sie ihm ganz gehört. Wie eine Braut soll seine Gemeinde sein: schön und makellos, ohne jeden Fehler ...

Epheser 5,25–27

Was hältst du davon?
>Heute wirst du in der Werkstatt meiner Liebe sein. Ich forme dich zu meiner eigenen Schöpfung. All die beunruhigenden und ärgerlichen Dinge, die dir passieren, verwende ich, um deine rauen Kanten abzuschleifen und dich damit Jesus ähnlicher zu machen.
Mach dir keine Sorgen, wenn es dir scheint, als seist du noch lange nicht fertig. Halte deine Augen nur auf mich gerichtet und glaube daran, dass ich die Vision und die Fähigkeit habe, dich vollkommen zu machen. Und sei geduldig. Jede Veränderung, die es wert ist, geschieht schrittweise. Wenn du in meinen meisterhaften Händen bleibst, dann wirst du jeden Tag mehr von meinem Werk an dir erkennen. Und jeden Tag wirst du Jesus besser kennen, da du ihm immer ähnlicher wirst.
Ich mache dich vollkommen, :-)
>Gott

Achte die Wahrheit

Wer aber glaubwürdig und zuverlässig ist, nach dem halte ich Ausschau. Solche Leute hole ich mir an den Hof, Menschen mit einem guten Ruf nehme ich in meinen Dienst.

Psalm 101,6

Schalom, meine Liebe!
>Ein Mensch kann nicht «ein bisschen» ehrlich sein. Wenn man ein bisschen ehrlich ist, dann bedeutet es, dass man eigentlich unehrlich ist. :-(Stell dir vor, du würdest in ein Glas mit hundertprozentig reinem Wasser einen Tropfen Gift geben. Würdest du sagen: «Dieses Wasser ist ein bisschen giftig?» Natürlich nicht. Ein einziger Tropfen Gift reicht, um das ganze Glas zu vergiften.
Ich möchte, dass du Achtung vor der Wahrheit hast, meine Tochter. Ich möchte, dass du die Aufrichtigkeit so hoch bewertest, dass nicht ein einziger Tropfen Unaufrichtigkeit deine Gespräche und Taten verunreinigt. Sei eine Frau, die sich der Wahrheit verschrieben hat.
Der, der immer die Wahrheit sagt,
>Gott

Brunnen Verlag 11:55 100%

Christus lebt in dir

Nur in Christus ist Gott wirklich zu finden, denn in ihm lebt er ganz und gar. Deshalb lebt Gott auch in euch, wenn ihr mit Christus verbunden seid. Er ist der Herr über alle Mächte und Gewalten.

Kolosser 2,9–10

Ich grüße dich!
>Alles, was du brauchst, was du irgendwann gebraucht hast und was du jemals brauchen wirst, ist mein Sohn Jesus. Deine gesamte Identität, deine Zuversicht, deine Hoffnung, dein Frieden mitten in Konflikten und auch der Sinn deines Lebens liegen in ihm. Jesus will in dir leben. Alles, was du suchst, findest du in ihm. Sein Geist wohnt in dir mit seinen Gaben, seiner Gnade, seinem Herz voller Liebe. :-)
Rufe ihn an, suche ihn!
Jeder Tag deines Lebens sollte eine kraftvolle Bestätigung dieses Geheimnisses sein. Jede Entscheidung und jede Tat sollten von dieser guten Nachricht geprägt sein. Deine Arbeit sollte es wortlos verkünden, und deine Worte sollten es von den Dächern rufen: «Christus ist in mir!»
Der Vater von Jesus,
>Gott

Nimm meinen Trainings-Plan an

Wir danken Gott auch für die Leiden, die wir wegen unseres Glaubens auf uns nehmen müssen. Denn in solchen Leiden lernen wir, geduldig zu werden. Geduld aber vertieft und festigt unseren Glauben, und das wiederum gibt uns Hoffnung.

Römer 5,3–4

Ein Gedanke für dich!
>Hast du schon einmal Gewichtheber trainieren sehen? :-o Sie heben schwere Gewichte, um kräftige Muskeln zu bekommen. Wenn sie nur kleine Gewichte heben würden, hätten sie mickrige Muskeln.
Ich bin dabei, deinen Geist zu trainieren. Wenn es in deinem Leben keine schweren Zeiten, kein Leid gäbe, dann wärst du ein geistlicher Schwächling. Darum bitte ich dich, in jedem Kampf zu jubeln; ich weiß, dass du dadurch am Ende stark sein wirst. Also versteck dich nicht vor meinen Trainings-Plänen für dich. Akzeptiere jeden Kampf, als wäre er ein sportliches Programm, und feiere die Veränderungen, die du siehst. Vertraue mir, mein Kind. Ich baue schon seit langer Zeit geistliche Riesen auf.
Dein persönlicher Coach, :-)
>Gott

Brunnen Verlag 11:55 100%

Der Tod, der zur Freiheit führt

Das gilt genauso für euch, und daran müßt ihr festhalten: Ihr seid tot für die Sünde. Lebt nun für Gott, der euch durch Jesus Christus das neue Leben gegeben hat.

Römer 6,11

Mein Friede sei mit dir!
>In Jesus zu leben bedeutet, dass man sterben muss. Was ich damit sagen will? Um dein neues Leben in Christus genießen zu können, muss dein altes egoistisches Leben sterben. Auch wenn es wehtut, der Tod des egoistischen Lebens bringt eine ungeahnte Freiheit: Freiheit von Stolz, Eifersucht, Gier, Lüge, Furcht und noch so vielem mehr! :-)
Jeder weiß, dass eine tote Frau nicht stolz oder eifersüchtig sein kann. Eine tote Frau kann nicht nach Geld und Besitz gieren. Eine tote Frau ist nicht versucht, die Wahrheit zu beugen, um andere zu beeindrucken. Sie kann sich nicht davor fürchten, egoistisch oder bösartig zu sein, weil sie so tot ist wie ein Sargnagel. Warum willst du dann nicht mit der Beerdigung fortfahren? Sag dem alten Ich-Leben auf Nimmer-Wiedersehen, und lass mich dir die Freiheit und die Freude des wahren Lebens in meinem Sohn zeigen.
Ich weiß, wovon ich spreche,
>Gott

Halt dein Ohr an mein Herz

Der Herr, der allmächtige Gott, sagt: «An dem Tag, wenn ich mein Urteil spreche, werden diese Menschen zu mir gehören. Ich will sie verschonen, so wie ein Vater seinen Sohn verschont, der zu ihm gehalten hat.»

Maleachi 3,17

Mein liebes Kind,
>ich wünschte, du könntest nur einen winzigen Blick von meiner Liebe zu dir erhaschen. Es würde dein ganzes Leben verändern. :-o Du würdest aufrechter stehen und deine Zukunft erkennen, die auf die Ewigkeit mit mir ausgerichtet ist. Du hättest mehr Ruhe und würdest erkennen, dass ich mich ständig um dich kümmere. Du hättest eine grenzenlose Hoffnung, weil du endlich verstehst, dass mir nichts unmöglich ist – gar nichts! Du würdest dich freuen, einfach nur mit mir zusammen zu sein, so wie ich mich freue, bei dir zu sein. :-)
Und das möchte ich heute von dir: Komm zu mir, und lege alles, was dich belastet, zur Seite. Halte dein Ohr an mein Herz und höre zu. Du wirst hören, wie ich dir sage, dass du mein bist – mein Schatz und mein Edelstein – und dass es Zeit für dich ist, dich in mir auszuruhen.
Dein dich liebender Vater,
>Gott

Problemen nicht ausweichen

Er wird alle ihre Tränen trocknen, und der Tod wird keine Macht mehr haben. Leid, Angst und Schmerzen wird es nie wieder geben; denn was einmal war, ist für immer vorbei.

Offenbarung 21,4

Eines möchte ich dir heute sagen:
>Es gibt keinen Weg, sich durch das Leben zu schmuggeln und dabei den Schwierigkeiten aus dem Weg zu gehen. Probleme sind genauso unvermeidlich wie das Atmen. Seit die Sünde in meiner Schöpfung Einzug gehalten hat, ist es immer so gewesen. Menschen, die ihr Leben leben und dabei versuchen, sich vor schmerzhaften Erfahrungen abzuschotten, werden Folgendes feststellen: Sie sind so intensiv damit beschäftigt, sich vor der Wirklichkeit zu verstecken, dass sie die spontane Freude verpassen, die man erlebt, wenn man mir in jedem Augenblick vertraut.
Wenn also schwere Zeiten auf dich zukommen, dann halte an der Tatsache fest, dass ich in allem bei dir bin. :-) Und behalte auch den Himmel in deinem Herzen. Im Himmel werden alle Schwierigkeiten und Kämpfe schließlich vorbei sein. Und ich selbst werde jede Träne, die du jemals geweint hast, wegwischen.
Der Herr des Jetzt-und-für-alle-Zeiten,
>Gott

Brunnen Verlag 11:55 100%

Komm herein!

Ich nenne euch nicht mehr Knechte; denn einem Knecht sagt der Herr nicht, was er vorhat. Ihr aber seid meine Freunde; denn ich habe euch alles gesagt, was ich vom Vater gehört habe.

Johannes 15,15

Hallo, meine Liebe!
>Ich bin nicht wie irgendein Zauberer, der versucht, die Geheimnisse seiner Tricks vor dir geheim zu halten. Ich möchte, dass du mich und all die Geheimnisse meines Reiches kennst. Ich möchte vor dir transparent sein. Ich möchte, dass du Zugang hast zu meinen Gedanken, meinen Zielen und meinen Überlegungen.
Darum habe ich Jesus als Mensch auf die Erde geschickt. Er trat aus der geheimnisvollen geistlichen Welt heraus in das für Menschen Greifbare und Sichtbare. Als du ihn gefunden hast, hast du auch den Schlüssel zu meinem Geheimnis gefunden. Mein Sohn legt seinen Arm um dich und bringt dich zu mir mit den Worten: «Vater, diese Frau ist eine Freundin von mir, und ich verbürge mich für sie. Sie möchte dich kennen lernen.» Glaubst du, ich würde jemals eine solche Bitte abschlagen? Keinesfalls! :-)
Dein Vater und Freund,
>Gott

Hetz mich nicht!

Deshalb bin ich auch ganz sicher, daß Gott sein Werk, das er bei euch durch den Glauben begonnen hat, zu Ende führen wird, bis zu dem Tag, an dem Jesus Christus wiederkommt.

Philipper 1,6

Liebste Tochter!
>Du bist ein Meisterwerk, das ich in meinem Herzen entworfen habe, und du bist viel kostbarer als jedes Gemälde und jede Skulptur, die jemals in einem Museum ausgestellt wurden. Aber du bist ein unvollendetes Kunstwerk. Ich arbeite immer noch an dir, und ich höre nicht eher auf, als bis der letzte Pinselstrich in meinen Augen vollkommen ist. :-) Also hetz mich nicht. ;-) Gib mir Raum zum Arbeiten. Und wenn du versucht bist, dich selbst aufzugeben, dann solltest du noch nicht einmal daran denken! Ich liebe, was ich in dir begonnen habe, und ich werde meine Arbeit erst dann beenden, wenn ich wirklich hundertpro zufrieden bin. Arbeite mit mir. Vertraue mir. Du wirst glücklich sein über das vollendete Werk!
Dein Schöpfer,
>Gott

Liebe sie für mich

Sollte nun jemand behaupten: «Ich liebe Gott», und dabei seinen Bruder hassen, dann ist er ein Lügner. Denn wie kann man Gott lieben, den wir doch gar nicht sehen, aber den Bruder hassen, der leibhaftig vor uns steht?

1. Johannes 4,20

Was meinst du dazu?
>Mich zu lieben war kein Gedanke, der sich eines Tages plötzlich in deinem Kopf festgesetzt hat. *Ich* habe ihn dort hineingelegt. Ich habe dich von Anfang an geliebt, damit du mich lieben solltest und meine Vertreterin der Liebe auf Erden sein sollst. Weil Jesus in dir durch den Heiligen Geist lebt, kannst du andere mit dieser Liebe lieben. :-)
Glaube mir, du könntest dir niemals mit dem Schweiß deiner eigenen guten Absichten eine Liebe wie die von Jesus «antrainieren». Aber wenn du zurücktrittst und meinem Geist das Lieben durch dich erlaubst, dann wirst du feststellen, dass du die ungewöhnlichsten Menschen magst. Nicht nur die attraktiven, schlauen, intelligenten, liebenswerten Menschen, sondern auch alle zusammengeschlagenen, niedergetrampelten, zerlumpten Brüder und Schwestern, die mit dir auf dieser schwierigen Straße namens Leben unterwegs sind. Nimm die Liebe, die ich für dich habe, und liebe die Menschen für mich.
Ich habe die größte Liebe,
>Gott

Brunnen Verlag 11:55 100%

Entscheide nicht allein

Seit die Erde steht, hat noch niemand einen Gott wie dich gehört oder gesehen. Nur du kannst den Menschen, die auf dich vertrauen, wirklich helfen.

Jesaja 64,3

Hallo, meine Liebe!
>Mir ist bewusst, dass dein Leben oft aussieht wie ein Hinderniskurs voller Entscheidungen, die ständig neu zu treffen sind. Sollst du dein Auto verkaufen, bevor die nächste größere Inspektion fällig ist? Sollst du deine Stelle aufgeben, weil du sie verabscheust, ohne zu wissen, ob du eine andere findest? Sollst du in eine andere Stadt umziehen oder lieber bleiben, wo du bist? Fragen ohne Ende. :-(Ich möchte, dass du weißt, dass du keine deiner Entscheidungen allein treffen musst. Ich will dein Vertrauter sein, dein Ratgeber, dein Freund in allen schweren Entscheidungen. :-) Wenn du mir von deinen Problemen erzählst, dann werde ich dich führen und dir ein Gefühl des Friedens geben über das, was du tun sollst. Also vertraue mir und bleibe mit mir in Verbindung. Ich werde in deinem Interesse handeln.
Der, der dir Rat geben will,
>Gott

Brunnen Verlag 11:55 100%

Deine Hingabe als Vorbild

Bewahrt die Worte im Herzen, die ich euch heute sage! Prägt sie euren Kindern ein! Redet immer und überall davon, ob ihr zu Hause oder unterwegs seid, ob ihr euch schlafen legt oder aufsteht.

5. Mose 6,6–7

Ich wollte mich mal wieder melden!
>Was lernen deine Kinder heute, das für sie auch als Erwachsene von Bedeutung sein wird? Woran werden sie sich nach den Jahren ihrer Erziehung noch festhalten können? Ich hoffe, dass sie sich an Zeiten der Liebe und des Lachens erinnern, an gesegnete und schwierige Zeiten, an Gutenacht-Gebete, gemeinsame Mahlzeiten und Familienfeiern.
Aber dabei wünsche ich mir, dass ihre stärkste Erinnerung der Glaube ist, den sie in dir gesehen haben: deine Gebete für sie, deine Worte der Ermutigung, deine liebevolle Hingabe zu mir. Mögen sie etwas so Reales und Lebendiges in dir sehen, dass es sie zu mir hinzieht. Lass dich jeden Tag von ihnen dabei ertappen, wie du mich liebst. Nichts auf dieser Welt wird von größerer Bedeutung sein, als wenn es zur Entwicklung ihres eigenen Glaubens kommt. :-)
Dein Vater und Freund,
>Gott

Brunnen Verlag 11:55 100%

Löse eine Kettenreaktion aus

Er gab Israel … seine Gebote. Unseren Vorfahren befahl er, sie ihren Kindern bekannt zu machen. So soll jede Generation seine Weisungen kennenlernen – alle Kinder, die noch geboren werden. Auch diese sollen sie ihren Nachkommen einprägen.

Psalm 78,5–6

Du bist mir wichtig, weißt du!
>Es gibt ein altes Sprichwort: «Eine Kette ist nur so stark wie ihr schwächstes Glied.» Als ich meine Worte des Lebens zum Volk Israel gesprochen habe, habe ich sie quasi beauftragt, eine Kette des Glaubens zu bilden. Ich sagte ihnen, sie sollten ihren Kindern meine Worte weitersagen, damit ihre Kinder die nächste Generation lehren konnten. Jede folgende Generation sollte ein Glied in dieser Kette werden. :-)
Genauso ist deine Beziehung zu mir ein Glied in der Kette des Glaubens deiner Familie. Vielleicht bist du ja das allererste Glied, oder es hat vor dir schon viele Gläubige gegeben. Aber es ist wichtig für deine Kinder und für deine Enkelkinder, dass du sie gut anleitest und dass du ihnen meine Liebe zeigst. Gemeinsam machen wir die Kette deiner Familie stark für die nächsten Generationen.
Der Schmied deiner Kette,
>Gott

Die praktische Erfahrung

«Herr», gab Petrus zu bedenken, «wir haben die ganze Nacht gearbeitet und nichts gefangen. Aber weil du es sagst, will ich es wagen.»

Lukas 5,5

Ich grüße dich!
>Ist dir in einer Situation schon mal deine praktische Erfahrung meiner geistlichen Führung in die Quere gekommen? Bei Petrus ist das einmal beinahe passiert. Eines Nachts hatte er seine ganze praktische Erfahrung eingesetzt, um Fische zu fangen, aber er musste mit einem leeren Boot ans Ufer zurückkehren. Dann schlug Jesus ihm vor, er solle seine Netze in tieferem Wasser auswerfen. :-o Von einem vernünftigen Standpunkt aus gesehen hätte Petrus den Vorschlag meines Sohnes verwerfen können. Aber er hörte eine Autorität in den Worten von Jesus, die kraftvoller war als jede irdische Erfahrung. Und so erwiderte er: «Aber weil du es sagst, will ich es wagen.» Und dieses Mal zerrissen die Netze von Petrus beinahe, so voll waren sie. Also verlasse dich nicht allein auf menschliche Weisheit, mein Kind. Vertrau mir, wenn ich dich in tieferes Wasser rufe. Dort wirst du mich und meine Antworten finden.
Der, der dich führt,
>Gott

Geh so wie Jesus

An diesem Tag sprach Jesus zum ersten Mal von seinem Tod: «Der Menschensohn muß viel leiden. Die Führer des Volkes … werden ihn verurteilen und töten. Aber nach drei Tagen wird er von den Toten auferstehen.»

Markus 8,31

Meine liebe Tochter!
>Deine Reise des Glaubens wird kein Sonntagsspaziergang durch den Park sein. Weit gefehlt. Du wirst Probleme bekommen und Ablehnung erfahren, so wie jede(r) andere auch. :,-(Aber was dich am meisten trösten und stärken kann, ist, wenn du dich daran erinnerst, dass Jesus das alles auch durchgemacht hat. Er wurde abgelehnt, er wurde missverstanden, beschuldigt, verlassen und verraten. Wie er das alles durchgestanden hat, ohne zu versuchen, die zu verletzen, die ihn verletzt haben? Er verließ sich ganz auf mich.
Wenn du im Glauben wächst, dann wirst du lernen, dich so wie Jesus auf den Heiligen Geist zu verlassen – indem du mir vertraust, dass ich dich durch jede Herausforderung hindurchführen werde. :-)
Dein treuster Reisegefährte,
>Gott

Deine Einstellung korrigieren

Orientiert euch an Jesus Christus: Obwohl er Gott in allem gleich war … bestand er nicht auf seinen Vorrechten. Nein, er verzichtete darauf und wurde rechtlos wie ein Sklave.

Philipper 2,5–7

Hallo, hier bin ich wieder!
>Verlange ich wirklich von dir, dass du eine Einstellung wie Jesus hast? Ja. «Aber er war doch Gott!» wirst du sagen. «Ich bin nur eine Mutter, die kaum noch die Windelberge überschauen kann.» Oder: «Ich bin doch nur eine allein stehende Frau, die vierzig Stunden in der Woche arbeitet. Wo ist hier die Verbindung?»
Die Verbindung ist die Demut. Jesus hätte im Himmel bleiben und sich am Lobpreis der Engel erfreuen können. Stattdessen hat er freiwillig seine Rechte zur Seite geschoben und hat demütig meinen Plan angenommen. Du denkst vielleicht mit Wehmut an die Tage, als du spät ins Bett gehen konntest und du noch mehr Zeit für dich hattest. Du hasst vielleicht die Windeln oder den Schreibtisch. Aber ich bitte dich, auf deine Rechte zu verzichten und deine Aufgabe demütig anzunehmen. Du bist dort, wo du bist, weil ich es so wollte. :-)
Dein Arbeitgeber,
>Gott

Brunnen Verlag 11:55 100%

Beten als Geschenk

Dabei hilft uns der Heilige Geist in all unseren Schwächen und Nöten. Wissen wir doch nicht einmal, wie wir beten sollen, damit Gott uns erhören kann. Deshalb hilft uns der Heilige Geist und betet für uns auf eine Weise, wie wir es mit unseren Worten nie könnten.

Römer 8,26

Sei gegrüßt!
>An manchen Tagen ist das Beten einfach. Die Worte sprudeln nur so aus dir heraus. Aber an anderen Tagen, wenn du dich fern von mir fühlst, dann gleicht dein Gebet mehr einem stillen See. Keine Worte. Was machst du in den stillen Zeiten? Bete weiter. Schau mal, ich bin nicht hier oben im Himmel und antworte nur auf die glatten, schönen Gebete. Deine Redekunst beeindruckt mich nicht. ;-) Vielleicht erstaunt es dich ja sogar, wenn ich dir sage, dass deine Kraft zu beten gar nicht aus dir selbst kommt. :-o Es ist ein Geschenk meiner Gnade, das ich dir durch meinen Heiligen Geist gegeben habe. Also öffne dein Herz und lass meinen Geist durch dich beten, und deine Gebete werden wieder zu sprudeln anfangen. Ich warte darauf, von dir zu hören.
Ich bin der Eine, der zuhört und antwortet,
>Gott

Kennst du Jesus als Freund?

Was Gott für mich getan hat, das zählt. Darauf will ich vertrauen. Um ihn allein geht es mir. Ihn will ich immer besser kennenlernen …

Philipper 3,9–10

Schalom!
>Stell dir vor, du solltest einen Aufsatz über deine beste Freundin schreiben. Würdest du damit beginnen, ihr Äußeres zu beschreiben (ihre Größe, ihr Gewicht, ihre Haarfarbe etc.)? Würdest du eine Lebensgeschichte vorlegen (Geburtsdatum und Geburtsort etc.)? Nein. Wahrscheinlich würdest du ihren verrückten Humor beschreiben wollen, ihre Loyalität, ihre einzigartigen Talente – solche Dinge eben.
Kennst du Jesus als Freund, oder ist er einfach nur eine handelnde Person in einem Buch? Wenn du ihn mehr als Figur aus der Reli-Stunde und nicht als reale Person kennst, dann ist etwas mit deinem Glauben nicht in Ordnung. Lehrsätze bedeuteten Maria Magdalena wenig, aber sie kannte ihren Herrn, und er war alles für sie. Jesus sehnt sich nach dieser Art von Freundschaft mit dir. Und ich auch. :-)
Dein Vater und Freund,
>Gott

ııll Brunnen Verlag 11:55 100%

Hochprozentiger Lobpreis

Dir, Herr, will ich von ganzem Herzen danken, und erzählen will ich von deinen wunderbaren Taten. Ich freue mich über dich und juble dir zu. Ich singe und musiziere zu deiner Ehre.

Psalm 9,2–3

Hallo, meine Liebe!
>Das Leben erfordert einen Tank voller Energie. An manchen Tagen stottert der Motor von deinem Enthusiasmus und stirbt ab. Dann fühlst du dich, als ob du nur noch mit heißer Luft fahren würdest. Ich will dir ein hochprozentiges Heilmittel geben, das deinen Tank wieder auffüllt und dein Herz wieder in Gang setzt. Dieses Heilmittel heißt Lobpreis. :-o Beginne damit, mich für alles, was passiert, zu loben: «Herr, ich lobe dich für dieses zahnende Baby, diesen chaotischen Schreibtisch, diesen Berg Wäsche. Herr, ich lobe dich, dass du all diese Dinge unter Kontrolle hast und dass du in alledem bei mir bist.» Lobe mich für meine Wunder, meine Segnungen, meine Gegenwart, meine Barmherzigkeit. Gib mir dein Herz. Du wirst überrascht sein über die erfrischende Kraft, die dich erfüllen wird. :-)
Das Benzin in deinem geistlichen Tank,
>Gott

Worum es wirklich geht

Ganz früh am Sonntagmorgen gingen die Frauen mit den Salben, die sie bereitet hatten, zum Grab. Der Stein, mit dem man es verschlossen hatte, war zur Seite gerollt. Zögernd betraten sie die Grabhöhle. Sie war leer.

Lukas 24,1–3

Hallo, wie geht es dir heute?
>Ich nehme an, du hast in der Zwischenzeit schon bemerkt, dass in deinem Leben gelegentlich schwere Zeiten auftauchen. :,-(Worum es wirklich geht, ist aber nicht, dass du schwere Zeiten durchleben wirst – sondern ob du mir vertraust, dass ich dich aus diesen schweren Zeiten auch wieder herausbringe. Worum es wirklich geht, ist nicht, ob dein Leben schwer wird – sondern ob du bereit bist, mich auch in den härtesten Zeiten weiter zu lieben und nach meinem Plan für dich zu leben.
Denke daran, Jesus triumphierte am dritten Tag über den Widersacher, nicht am ersten. Dein Auftrag ist es, dass du glaubst, dass der dritte Tag kommt, auch wenn du meinst, du wärst im Grab steckengeblieben. Glaube weiter an mich und vertraue darauf, dass ich die Kraft habe, dich zu erlösen, und du wirst aus dem Grab deiner Probleme und Sorgen auferstehen.
Deine Kraft der Auferstehung, :-)
>Gott

Richtiger Ort, richtige Zeit

An diesem Tag hielt sich auch die alte Prophetin Hanna im Tempel auf … Hanna verließ den Tempel nur noch selten. Um Gott zu dienen, betete und fastete sie Tag und Nacht.

Lukas 2,36–37

Meine geliebte Tochter!
>Hanna war schon alt, als Jesus geboren wurde. Sie hatte ihr ganzes Leben lang vom Messias gehört, so wie jeder andere Jude auch. Warum also war Hanna die eine Person, die ihn so bald nach seiner Geburt zu sehen bekam? Warum wurde ihr die Ehre zuteil, seine Geburt den anderen Menschen in Israel zu verkünden? Weil Hanna im Tempel war, als Jesus dorthin gebracht wurde, um geweiht zu werden. Aber es war wohl kaum eine zufällige Begegnung. Hanna war dort, und zwar *genau* dort, wo ich sie haben wollte, Tag und Nacht, so um die sechzig Jahre lang! Sie war zur rechten Zeit am rechten Ort, um dem Herrn zu begegnen. Bist du dort, wo ich dich heute haben will? Jeder Tag ist ein guter Tag für eine heilige Begegnung. :-)
Der Eine, der dir begegnet,
>Gott

Brunnen Verlag 11:55 100%

Würdest du sitzen bleiben?

Du, Herr, bist alles, was ich habe; du gibst mir alles, was ich brauche. In deiner Hand liegt meine Zukunft. Was du mir gibst, ist gut. Was du mir zuteilst, gefällt mir.

Psalm 16,5–6

Ich habe eine Nachricht für dich!
>Was wäre, wenn du Erbin eines großen Vermögens wärest und dein Vater ein riesiges Festessen zu deinen Ehren organisieren würde, bei dem er dir dein Erbe übergeben will? Die Tische sind gedeckt. Köstliches Essen ist zubereitet worden. Dein Vater wartet voller Stolz darauf, dass du durch die Tür trittst. Würdest du an der Tür zum Haus deines Vaters sitzen bleiben und nicht eintreten, weil du glaubst, er liebe dich nicht?
Leider tun das viele meiner Kinder. :,-(Sie sitzen an der Tür zu ihrem Erbe und glauben, dass ich sie nicht liebe. Stattdessen glauben sie, dass ich nur darauf aus bin, über ihre Sünden Buch zu führen und sie am Ende dafür bezahlen zu lassen.
Alles ist bereit, meine Tochter. Die Gäste sind schon da. Ich warte stolz darauf, dass du durch die Tür meiner Annahme und Anerkennung trittst. Du bist mein Kind, an dem ich große Freude habe. Tritt ein.
Dein stolzer Vater,
>Gott

Nimm den richtigen Architekten

Wenn der Herr nicht das Haus baut, dann ist alle Mühe der Bauleute umsonst. Ihr steht frühmorgens auf – doch ohne Gottes Segen ist alles umsonst!

Psalm 127,1–2

Hallo, da bin ich wieder!
>Kennst du das aufregende Gefühl, wenn man ein neues Haus baut – wenn die Pläne gezeichnet werden, die Baufirma engagiert, das Material ausgesucht wird, und wenn man dann sieht, dass alles so entsteht, wie man es sich vorher vorgestellt hat? :-o
Da ist etwas, an das du denken solltest, wenn du dein Traumhaus entwirfst. All deine Arbeit und Kreativität ist verschwendet, wenn ich nicht mit einbezogen werde. Wenn mein Geist nicht die Kraft hinter jeder deiner Entscheidungen ist, wenn meine Liebe nicht die Triebkraft ist, die deine Handlungen motiviert, dann ist das Haus am Ende vielleicht schön, aber ihm wird die notwendige Wärme fehlen, die daraus ein wirkliches Heim macht. Also lass mich dir beim Planen, Bauen und Dekorieren deines neuen Zuhauses helfen. Und dann lade mich ein, dort mit dir zu wohnen. Ich bin der Eine, der aus deinem Haus ein Heim machen kann. :-)
Dein Architekt,
>Gott

Brunnen Verlag 11:55 100%

Die Bedeutung jedes Augenblicks

Die Tage unserer Jahre sind siebzig Jahre, und wenn in Kraft, achtzig Jahre, und ihr Stolz ist Mühe und Nichtigkeit, denn schnell eilt es vorüber, und wir fliegen dahin … So lehre uns denn zählen unsere Tage, damit wir ein weises Herz erlangen!

(Elberfelder) Psalm 90,10+12

Ich bin's! Bist du okay?
>Mit jedem Jahresbeginn breitet sich ein neuer Anfang vor dir aus. Du kaufst einen neuen Kalender mit leeren Seiten. Und dann füllst du ihn Woche für Woche, Monat für Monat mit Verabredungen und Aktivitäten. Du eilst in diese Richtung und in jene, und ganz allmählich gleitet dir dein Leben durch die Finger, wie Sand durch eine Sanduhr läuft. :-(
Hast du schon einmal innegehalten und darüber nachgedacht, dass jede Minute einzigartig ist? Wenn sie vergangen ist, gibt es keine Wiederholung mehr. Deine Tage richtig zu zählen, bedeutet also nicht, dass du deinen Terminkalender in Ordnung hältst. Es bedeutet, dass du die Bedeutung jedes Augenblicks würdigst. Rennst du nur herum? Oder nimmst du dir die Zeit, um das Leben, das ich dir geschenkt habe, zu genießen?
Ich bin die Bedeutung jedes Augenblicks,
>Gott

Halte erhörte Gebete fest

«Denn ich will mitten unter ihnen Zeichen und Wunder vollbringen, damit ihr euren Kindern und Enkeln erzählen sollt … welche Wunder ich unter ihnen getan habe. So werdet ihr erkennen, dass ich der Herr bin!»

2. Mose 10,1–2

Geliebte Tochter!
>Wenn aus einem Zweifler ein Glaubender wird, so ist das der größte Beweis meiner Macht und Barmherzigkeit. Es ist eine Sache, deinem Kind zu sagen: «Gott ist Liebe.» Aber es ist ganz etwas anderes, wenn du sagst: «Erinnerst du dich noch daran, als Papa seine Stelle verloren hat? Wir haben gebetet, und Gott sorgte dafür, dass Papa eine neue Stelle gefunden hat.» Oder: «Als ich ein kleines Mädchen war, etwa so alt wie du heute, da zogen wir in eine neue Stadt um. Ich war so einsam. Aber Jesus hat mir geholfen, neue Freunde zu finden.» :-o Dies sind echte, persönliche Beispiele, die deinem Kind helfen, meine Liebe zu begreifen. :-)
Schreibe doch einmal die Gebete auf, die ich erhört habe, und erzähle deinen Kindern und Freunden davon. Und dann sei nicht überrascht, wenn auch sie beginnen, ihr eigenes Notizbuch (ein «geistliches Tagebuch») zu führen.
Der Eine, der dich liebt,
>Gott

Brunnen Verlag 11:55 100%

Du platzt vor Kreativität

Herr, ich danke dir dafür, daß du mich so wunderbar und einzigartig gemacht hast! Großartig ist alles, was du geschaffen hast – das erkenne ich!

Psalm 139,14

Schau mal her!
>Ich möchte, dass du mein kreatives Genie nicht nur in der Natur siehst, sondern auch in der unglaublichen Verschiedenartigkeit meiner Kinder. Jede Person ist so einzigartig geschaffen, dass keine der anderen genau gleicht. Jeder Fingerabdruck jeder Hand einer jeden Person (selbst in jeder Familie) ist verschieden. :-o Denk einmal darüber nach. Ich hatte meine Freude daran, jedem von euch eine besondere eigene Identität zu geben. Und doch verbringen so viele Menschen ihr ganzes Leben mit dem Bemühen, sich anderen anzugleichen. :-(
Verleugne deine Einzigartigkeit nicht, indem du versuchst, das farbenfrohe menschliche Schauspiel in schwarzweiß zu spielen. Ignoriere nicht die Pinselstriche meiner Kreativität. Und vergiss niemals, dass du nach meinem Bild geschaffen bist. Du bist so wunderbar gemacht und platzt beinahe vor deiner eigenen bewundernswerten Kreativität.
Dein großartiger Schöpfer,
>Gott

An unserer Freundschaft arbeiten

Der Freund des Bräutigams freut sich mit den beiden, auch wenn er nur daneben steht. So geht es mir jetzt. Meine Freude ist grenzenlos.

Johannes 3,29

Meine liebe Tochter!
>Ist dir eigentlich schon einmal der Gedanke gekommen, dass du mich eher wie einen Automaten behandelst als wie einen Freund? Wenn du mir begegnest, dann beginnst du gleich, mir deine Gebetsanliegen in die Hand zu drücken, als ob du Münzen in den Schlitz steckst. Und ich soll dann all das ausspucken, was du brauchst. :,-(
Stell dir vor, du würdest dich mit einer deiner Freundinnen zum Mittagessen treffen und würdest sie genauso behandeln. Bevor du noch Hallo gesagt hast, überfällst du sie mit allem, was sie für dich tun soll – dich irgendwohin mitnehmen, deine Kleider aus der Reinigung holen und so weiter. Sie wird sich wahrscheinlich ein bisschen vor den Kopf gestoßen fühlen.
Du und ich, wir sind Freunde, meine Tochter. Können wir nicht ein wenig über dies und das sprechen, bevor du mir meine «To do»-Liste in die Hand drückst? Es gibt so vieles, das ich dir sagen möchte.
Ich bin Liebe, die sich mitteilen will,
>Gott

Brunnen Verlag 11:55 100%

Ernähre dich gesund

Was uns die alte, sündige Natur einbringt, sind Verzweiflung und Tod. Gottes Geist aber schenkt uns Frieden und Leben.

Römer 8,6

Du, hier ist ein Gedanke für dich:
>Stell dir deinen Kopf doch mal als Einkaufswagen vor. Du kannst ihn füllen, womit du willst. Du kannst ihn dreckige Straßen hinunterschieben, die von Mülltonnen gesäumt sind, und ihn mit verdorbenen Resten füllen, wenn du magst. Aber wenn du die sauberen, hellen Regale deines Lieblingsladens besuchst und dich für frisches Gemüse und Obst, mageres Fleisch und frisches Brot entscheidest, dann werden es dir dein Körper und auch deine Geschmacksnerven danken. ;-)
So wichtig, wie Nahrungsmittel für die Gesundheit deines Körpers sind, so entscheidend ist die Bedeutung deiner Gedanken für die Gesundheit deines Gemüts und deines Geistes. Also belade dich nicht mit Neid, Stolz oder Gier und all dem Müll. Entscheide dich für gesunde Gedanken, die dir Leben und Frieden bescheren.
Dein Ernährungsberater,
>Gott

Brunnen Verlag 11:55 100%

Lass mich dich sauber machen

Reinige mich von meiner Schuld, dann bin ich wirklich rein; wasche meine Sünde ab, und mein Gewissen ist wieder weiß wie Schnee!

Psalm 51,9

Liebes Kind!
>Bei mir gibt es die einzige echte und ernst zu nehmende «Reinigung» für meine Kinder. Wenn du fällst und scheiterst, dann bleib nicht draußen stehen in einem Morast aus Gewissensbissen und Selbstvorwürfen. Egal, ob deine Seele nur leicht verschmutzt ist oder ob sie vor Dreck nur so strotzt, bring sie her zu mir. Zeig mir, wo der Schmutz ist, und ich werde mich an die Arbeit machen. Ich vergebe, was vergeben werden muss, und gebe dir ein neues Herz – ein sauberes Herz, das voller Hoffnung für die Zukunft ist. Ich erneuere deine Träume, deine Visionen und deine Ziele. Ich zeige dir Licht. Und ich gebe dir die Kraft, die du für einen neuen Anfang brauchst. Also, komm nach Hause, lass mich dich sauber machen, und dann fang neu an. Ich bin bereit, wenn du es bist! :-)
Der, der die Herzen reinigt,
>Gott

Brunnen Verlag 11:55 100%

Schütze deinen Garten gut

Was ich dir jetzt rate, ist wichtiger als alles andere: Achte auf deine Gedanken und Gefühle, denn sie beeinflussen dein ganzes Leben!

Sprüche 4,23

Hallo, du!
>Stell dir vor, du hättest einen wunderschönen Gemüsegarten angelegt. Knackiger Salat, zarte Petersilie, rote Tomaten, alles ist reif zur Ernte. Aber an dem Tag, an dem du beschlossen hast, deinen ersten frischen eigenen Salat anzurichten, gehst du hinaus und entdeckst eine Hasenfamilie, die sich gerade an deinem Grünzeug gütlich tut. Würdest du nicht einen Zaun bauen, um sie künftig fern zu halten?
Dein Herz ist wie dieser Garten. Alles, was gesund und gut für dich ist, soll dort wachsen und gedeihen. Aber wenn du keinen Schutzschild darum aufstellst, dann ist dein Herz offen für jede Art von Eindringlingen, und die Ernte deines Herzens kann sehr leicht zerstört werden. Also, schütze den Garten deines Herzens mit einem Zaun aus meiner Wahrheit. :-)
Der Herr der Ernte,
>Gott

Immer auf Empfang

Mein Gott, nun rufe ich dich an. Ich bin sicher, du antwortest mir. Laß mich bei dir ein offenes Ohr finden und höre mein Gebet!

Psalm 17,6

Schalom, meine Liebe!
>Hast du schon einmal gesehen, wie ein Kind im Geschäft versucht, die Aufmerksamkeit seiner Mutter zu bekommen? «Mama? Mama!» sagt es. Aber Mamas Gedanken sind Millionen von Kilometern weit weg. «Mama?» fragt das Kind beharrlich weiter. Immer noch keine Antwort. Die Folgen davon kennst du gut. :-(
Irdische Eltern können manchmal ihren Empfang abschalten. Aber ich bin nicht so. Ich bin immer auf Empfang geschaltet, und wenn du rufst, dann höre ich dich. Wenn du einmal Zeit für ein Gespräch unter vier Augen brauchst, dann bin ich da. Ich bin der Freund, der dir zuhört und sich um dich sorgt, der Vater, der deine Stimme hören möchte. Also halte dich nicht zurück. Komm heute zu mir. Ich bin bereit, dir zuzuhören. Und weißt du, was? Wenn *du* bereit bist, auch mir zuzuhören, dann spreche ich in dein Herz hinein.
Der, der ein offenes Ohr hat,
>Gott

Weil er die Freude kannte

Dabei wollen wir … allein auf Jesus [schauen]. Er hat uns gezeigt, wie man … als Sieger ans Ziel gelangt. Weil große Freude auf ihn wartete, erduldete Jesus den schmachvollen Tod am Kreuz. Jetzt hat er als Sieger den Platz an der rechten Seite Gottes eingenommen.

Hebräer 12,2

Friede sei mit dir!
>Wie war Jesus in der Lage, den unaussprechlichen Horror der Kreuzigung durchzustehen – diese Karikatur der Gerechtigkeit, diesen Spott, diese Grausamkeit? Wie konnte er das Kreuz auf seine geschlagenen und blutigen Schultern heben und den Kreuzweg entlanglaufen, obwohl er nur zu gut wusste, wohin er führte? Wie konnte er die Nägel in Händen und Füßen ertragen, die Stunden der Qual und den Speer in seiner Seite? Und was bei weitem am schlimmsten war: Wie konnte er alles durchstehen, obwohl er sich in jenen Momenten von mir verlassen fühlte? :,-(
Er konnte all das tun, weil er die Freude kannte, die vor ihm lag: die Freude, seine Gnade und Liebe auf dich und andere auszudehnen und dann für immer mit dir in meinem Reich zu leben. Darum hat er alles so gemacht – wegen der Freude.
Sein und dein Vater,
>Gott

Brunnen Verlag 11:55 100%

Du musst mich rufen

Rufe zu mir, dann will ich dir antworten und dir große und geheimnisvolle Dinge zeigen, von denen du nichts weißt!

Jeremia | 33,3

Du, ich bin’s mal wieder!
>Hast du dich eigentlich schon einmal gefragt, warum ich dich geschaffen habe? Ich habe dich geschaffen, damit du eine konkrete, starke, enge Beziehung zu mir hast. Ich möchte alles mit dir teilen: meine grandiose Vision, meine weit reichende Weisheit, die breiter und höher und tiefer ist, als du es dir je vorstellen kannst, und die unergründlichen Wunder meines Herzens.
Aber ich möchte dir diese Dinge nicht aufzwingen. Ich warte darauf, dass du haben möchtest, was ich dir anbiete. Du brauchst mich nur zu rufen. Mach die kleinste Bewegung in meine Richtung, und ich werde dir auf dem Weg begegnen. Glaube mir, was ich für dich habe, ist etwas, das du nicht versäumen möchtest. Aber du musst mich rufen.
Der mit dem Geschenkkorb, :-)
>Gott

ııll Brunnen Verlag 11:55 100%

Investiere mit Köpfchen

Ringe um Verstand und Urteilskraft, suche danach voller Eifer wie nach einem wertvollen Schatz! Dann wirst du Gott immer besser kennenlernen und Ehrfurcht vor ihm haben.

Sprüche 2,3–5

Hallo, meine Tochter!
>Sieh dich mal um. So viele Leute schreien nach Geld, Besitz, Karriere und Prestige. Dabei sind diese Dinge doch so vergänglich. Geld kann man verlieren, Besitz kann sich abnutzen und aus der Mode kommen, Karriere und Prestige sind kurzlebige Preise im Tauziehen des Lebens. Alles mehr Schein als Sein. Suche stattdessen nach geistlichem Verständnis. Es bringt dir Wissen über mich, Achtung vor meinem Sohn und Ehrfurcht vor meinem Heiligen Geist. Dies sind die Dinge, die eine Frau wirklich reich machen: reich an Weisheit, an Gelassenheit, Hoffnung und Freude. :-) Fällt dir irgendeine Aktie auf dem Börsenmarkt ein, die so eine Dividende garantiert? Investiere mit Köpfchen, meine Tochter. Investiere in Verständnis.
Dein dich liebender Vater,
>Gott

Brunnen Verlag 11:55 100%

Das Wachstumsprinzip

Glaubt nur nicht, ihr könntet Gott irgend etwas vormachen! … Wer nicht Gott, sondern sich selbst vertraut, den erwartet … Verderben. Wer sich aber durch den Geist Gottes führen läßt, dem wird Gott das ewige Leben schenken.

Galater 6,7–8

Ein Gedanke für dich!
>Du musst nicht auf einem Bauernhof aufgewachsen sein, um zu wissen, dass man keine Rüben pflanzen darf, wenn man Mais ernten will. Was man in den Boden setzt, das wird auch daraus wachsen. So funktioniert das. :-)
Nun, genau dasselbe Prinzip gibt es auch im geistlichen Bereich. Wenn du Unehrlichkeit, Eifersucht, Gier, Neid und Geschwätzigkeit pflanzt, dann wird die Frucht, die du heranziehst, nicht nur dir schaden und dich zerstören, sondern auch all deine Lieben. Aber wenn du dich ganz gezielt daran machst und Liebe, Treue, Freundlichkeit, Ermutigung und Gnade säst, tja – dann wird dich die Ernte deines Lebens überraschen. Du wirst ein reiches Leben ernten, das ewig dauert. Bitte glaube mir das!
Der, der's gut mir dir meint,
>Gott

Jeder alte Topf reicht!

Diesen kostbaren Schatz tragen wir allerdings in einem zerbrechlichen Gefäß. Denn so wird jeder erkennen, dass die außerordentliche Kraft, die in uns wirkt, von Gott kommt und nicht von uns selbst.

2. Korinther 4,7

Meine liebe Tochter!
>Wenn die Bedienung in deinem Lieblings-Café einen Krug mit reinem Honig auf den Tisch stellt, denkst du dann über den Krug nach? Nicht wirklich. Stattdessen kannst du es wahrscheinlich kaum erwarten, dir den Honig über deinen Stapel warmer Butterpfannkuchen zu gießen.
Was meinst du, worauf ich hinauswill? In diesem kleinen Gleichnis bist du der Krug, und mein Heiliger Geist ist der Honig. Ich habe dich als Behältnis geschaffen, damit du meinen wunderbaren Geist der Liebe aufnimmst und über die Welt ausgießt. Nichts macht mir mehr Freude, als die Menschen zu füllen, die ich mit meiner Kraft geschaffen habe. Und die gute Nachricht ist: Der Krug muss nicht aus edlem Porzellan sein, um meinen Geist aufzunehmen. Jeder alte Topf reicht aus! Erlaube also meinem Geist, es sich in dir gemütlich zu machen, und innerhalb kurzer Zeit werde ich dein Leben dazu benutzen, meine Liebe auf jeden um dich herum auszugießen.
Der Honig in deinem Gefäß,
>Gott

Ein Same der Ewigkeit

In das Herz des Menschen hat er den Wunsch gelegt, nach dem zu fragen, was ewig ist. Aber der Mensch kann Gottes Werke nie voll und ganz begreifen.

Prediger 3,11

Ich wünsch dir viel Kraft!
>An dem Tag, als ich dich geschaffen habe, da habe ich einen winzigen Samen in dein Herz gepflanzt. Dieser Same enthält die Kraft des ewigen Lebens mit mir. Er wird entweder wachsen oder verdorren, je nachdem, wie du dein Leben gestaltest. Wenn du deine ganze Zeit, dein Talent, deine Liebe und deine Aufmerksamkeit auf die sichtbaren, greifbaren und vergänglichen Dinge um dich herum konzentrierst, dann wird der Same des ewigen Lebens verdorren. :-(
Wenn du ihn aber ernährst, indem du dich auf die unsichtbaren, nicht greifbaren, aber dauerhaften Dinge in meinem Reich konzentrierst, dann wird er wachsen.
Wenn du dein Herz investierst, um mich kennen zu lernen, wenn du diesen winzigen Samen mit Glauben und Gebet begießt, dann wirst du sehen können, wie er gedeiht und zu einem mächtigen Baum heranwächst, der allen, die ihn finden, Schatten und Schutz bietet. Deine täglichen Entscheidungen bestimmen darüber, ob und wie du wächst.
Der, der das Wachstum liebt,
>Gott

Unter diesen Umständen?

Seid fröhlich in der Hoffnung darauf, daß Gott seine Zusagen erfüllt. Seid standhaft, wenn ihr verfolgt werdet. Und laßt euch durch nichts vom Gebet abbringen.

Römer 12,12

Friede sei mit dir!
>Hast du schon einmal eine Freundin gefragt, wie es ihr geht, und darauf als Antwort erhalten: «Ganz gut unter diesen Umständen»? Du brauchst nicht «unter diesen Umständen» zu leben. Ich habe dir ein Geschenk gegeben, das dich frei macht von dem Sog der Umstände, der dich immer wieder herunterziehen will. Dieses Geschenk ist das Gebet.
Beten schließt die Tür der Hoffnungslosigkeit auf und befreit dich zur Hoffnung. Beten gewährt dir Zutritt zu meiner Gegenwart, wo wir als Freunde zusammen sein können. Beten lädt in die Zeiten des Leides eine unerwartete Freude ein. Im Gebet findest du die Geduld, in schwierigen Zeiten durchzuhalten. Du wirst lernen, meinem Willen zu vertrauen, auch wenn du ihn vielleicht nicht verstehst. In konfliktreichen Zeiten wirst du Frieden finden, der dein Verstehen weit übersteigt. Also, komm zu mir im Gebet. Ich werde dich über deine Umstände hinwegheben.
Ich bin der Eine, der dir begegnet,
>Gott

Gewillt, bereit zu sein

Da kam der Herr zu ihm und rief wie vorher: «Samuel, Samuel!» Der Junge antwortete: «Sprich, Herr, ich höre.»

1. Samuel 3,10

Hast du ein wenig Zeit?

>Stell dir vor, du hättest zwei Autos. Eines wäre strahlend schön und schnell, aber wenn du den Schlüssel herumdrehst, dann würde der Motor nicht anspringen. Das andere Auto wäre klein und langsam, aber wenn du den Schlüssel herumdrehst, dann würde der Motor sofort starten. Welches Auto würdest du nehmen? Ganz bestimmt würdest du doch das kleine, langsamere Auto nehmen. ;-)

Mit diesem Bild möchte ich dir erklären, warum ich Eli, den älteren und erfahreneren Propheten, durch Samuel ersetzt habe, obwohl er noch ein kleiner Junge war. Eli war allmählich müde geworden und erschöpft. Er ließ sündige Handlungen in meinem Tempel zu und hörte nicht auf mich. Aber der kleine Samuel stand jedes Mal aus tiefem Schlaf auf, als ich seinen Namen rief, und tat alles, was ich von ihm verlangte. Samuel war nicht gebildet, aber er war bereit, sich gebrauchen zu lassen. Liebe Tochter, wenn du gewillt bist, bereit zu sein, dann gibt es keine Grenzen für das, was ich in deinem Leben tun kann.

Der mit den großen Plänen,

>Gott

Brunnen Verlag 11:55 100%

Welches Erbe hinterlässt du?

Herr, laß mich erkennen, wie kurz mein Leben ist und wieviel Zeit ich noch habe; wie vergänglich bin ich doch! Wie begrenzt ist das Leben, das du mir gegeben hast!

Psalm 39,5–6

Heute möchte ich dich etwas fragen:
>Ist dir eigentlich bewusst, wie kurz ein Leben tatsächlich ist? Selbst Menschen, die hundert Jahre alt werden, waren – verglichen mit der Ewigkeit – nur einen kurzen Augenblick auf der Welt. Einen Wimpernschlag. Wenn du die Kürze deines eigenen Lebens betrachtest, solltest du dann nicht einmal darüber nachdenken, wie du es nutzen willst? Was wird es wert sein? Welches Erbe wirst du hinterlassen? Wirst du dich zum Großteil auf dich selbst konzentrieren? Oder willst du anderen ein Segen sein? Willst du dich von egoistischen Wünschen treiben lassen? Oder willst du meiner Führung folgen und für meine Ziele arbeiten?
Im Leben einer Frau, die für mich gelebt hat und andere geliebt hat, ist immer mehr Schönheit, Friede und Sinn als bei einer Frau, die nur nach ihren eigenen Wünschen und Impulsen gelebt hat.
Entscheide dich bitte, ein Erbe der Liebe zu hinterlassen!
Die Liebe eines Lebens,
>Gott

Du sollst angstfrei leben!

Deshalb können wir voller Vertrauen bekennen: «Der Herr hilft mir, und ich brauche mich vor nichts und niemandem zu fürchten. Was kann mir ein Mensch schon antun?»

Hebräer 13,6

Meine liebe Tochter!
>Stell dir vor, ich würde dich bitten, deine drei größten Ängste aufzuzählen. Würdest du die Fehler, den Erfolg und die Meinung anderer Leute aufschreiben? Und nun stell dir vor, ich würde dich bitten, mir diese kleine Liste deiner Ängste zu geben, damit ich sie ins Feuer meiner Liebe werfen kann. Würdest du mir so sehr vertrauen, dass du sie mir gibst?
In Angst zu leben ist so, als ob du deinen Hausschlüssel einem Dieb in die Hand drückst und ihn einlädst, dich vollständig auszurauben. Angst kann dir Hoffnung, Freude und deinen Sinn für Abenteuer nehmen. Sie kann dir sogar deine Bestimmung rauben. :-(Ich möchte, dass du angstfrei lebst – damit du den Träumen nachgehen kannst, die ich in dich hineingelegt habe, damit du den Gaben und Fähigkeiten treu sein kannst, die allein dir gehören. Lass mich diese Liste deiner Ängste verbrennen. Sei frei! Sei angstfrei!
Der Herr des Abenteuers,
>Gott

Brunnen Verlag 11:55 100%

Es ist wie ein Schulausflug

Ich bin der Herr, euer Gott. Ich lehre euch, was gut für euch ist, und zeige euch den Weg, den ihr gehen sollt.

Jesaja 48,17

Hallo, wie geht es dir heute?
>Als du in der Schule warst, hattest du da auch eine Lieblingslehrerin? War es die, die derart monoton aus dem Lehrbuch vorlas, dass du dich kaum wach halten konntest? Oder war sie eine Lehrerin, die ihre Stunden interessant und aufregend gestaltete, indem sie Bezüge zum wirklichen Leben herstellte?
Die Reise eines Christen ist keine langweilige Unterrichtsstunde. Man braucht sich dabei nicht hinter dem Pult zu verstecken. Ich bin der Lehrer, der dich mitten in die wirklichen Abenteuer des Lebens hineinnimmt. An jeder Kreuzung weiß ich, wohin du abbiegen musst. An jedem Punkt der Unentschlossenheit weiß ich, wie du dich entscheiden solltest. Fang an, und betrachte jeden neuen Tag mit mir als eine Art Schulausflug, bei dem ich dir immer wieder etwas Neues zeige, während wir gemeinsam unterwegs sind. :-)
Dein Lehrer,
>Gott

Brunnen Verlag 11:55 100%

Gelassenheit ist möglich

Jeder Mensch, selbst der stärkste, ist nur ein Hauch, der vergeht – schnell wie ein Schatten verschwindet er. Sein Tun und Treiben ist viel Lärm um nichts!

Psalm 39,6–7

Sei gegrüßt, meine Liebe!
>Hast du schon einmal einen Hamster beobachtet, wie er unablässig in seinem kleinen Plastikrad rennt? Er glaubt tatsächlich, dass er irgendwo ankommt. Hast du dich schon einmal so gefühlt – immer in Eile sein, umherrennen, am Ende des Tages völlig erschöpft sein und sich dann fragen, ob man überhaupt etwas erreicht hat? :-(
Ich möchte dir helfen, den Stress loszuwerden. Ich möchte dir helfen, dass du so friedlich wie ein kleines Mädchen in deines Vaters Haus leben kannst. Ob das möglich ist? Ja sicher! :-) Auch wenn sich die Umstände, in denen du steckst, nicht ändern, kann ich *dich* in diesen Umständen verändern.
Mache das Beten zu deiner obersten Priorität. Lass mich dir helfen, deinen Tag zu ordnen. Und dann lass mich bei jeder deiner Verpflichtungen neben dir arbeiten, neben dir einkaufen und neben dir fahren. Die Ruhe und Gelassenheit, nach der du dich so sehnst, wird dann bald zur Realität.
Der ruhende Pol deiner Persönlichkeit,
>Gott

Sie tun, was sie sehen

Erziehe dein Kind schon in jungen Jahren – es wird die Erziehung nicht vergessen, auch wenn es älter wird.

Sprüche 22,6

Hast du eine Minute für mich?
>Ein bekannter Familientherapeut sagte einmal: «Die meisten Probleme bei Kindern sind das Spiegelbild dessen, was in den Herzen ihrer Eltern vorgeht.» Darum ist es ziemlich sinnlos, wenn du deine Kinder zu etwas aufforderst, was du selbst nicht praktizierst. Es sind verschwendete Worte, wenn du von ihnen verlangst, das zu lassen, was du selbst doch tust. :-(Von ganz klein auf beobachten Kinder ihre Eltern und ahmen sie nach. Sie tun das, was sie sehen. Also besteht deine Aufgabe als Mutter darin, dass du zunächst selbst die Art Person wirst, zu der deine Kinder später werden sollen. Erst dann hast du dir das Recht zu ihrer Erziehung wirklich verdient. Überlass mir dein Herz, und mein Geist wird dich zu der Mutter machen, die du sein musst. Lass dich ein zweites Mal beschenken!
Dein dich liebender Vater,
>Gott

Nehmen ist auch eine Segnung

Damit habe ich euch zeigen wollen, wie man arbeiten muß, um den Armen zu helfen und das zu erfüllen, was unser Herr gesagt hat: «Geben macht glücklicher als Nehmen.»

Apostelgeschichte 20,35

Sei gegrüßt, meine Liebe!
>Du weißt doch sicher, dass ich gesagt habe: «Geben macht glücklicher als Nehmen.» Aber weißt du auch, dass Nehmen genauso ein Segen sein kann? :-o Wenn du deine Bedürftigkeit zeigst, dann öffnest du deinen Geist für die Vertrautheit einer echten Freundschaft. Hilfe von jemandem anzunehmen, der deine Bedürfnisse erfüllen möchte, bedeutet, einen Liebesdienst freudig anzunehmen.
Wenn du mit mir in einer Liebesbeziehung leben möchtest, dann solltest du dich besser an das Annehmen gewöhnen, weil ich ständig Geschenke verteile und nur zu gerne Bedürfnisse erfülle. Der Glaube an mich ist niemals eine unabhängige «Selbst-ist-die-Frau»-Art zu leben. Also, nimm alles an, was ich für dich habe, meine Tochter.
Das Geschenk und der Geber,
>Gott

Brunnen Verlag 11:55 100%

Lauf nicht vorm Schicksal davon

Wie könnte ich mich dir entziehen; wohin könnte ich fliehen, ohne daß du mich siehst? Stiege ich in den Himmel hinauf – du bist da! Wollte ich mich im Totenreich verbergen – auch dort bist du!

Psalm 139,7–8

Friede sei mit dir!
>Gehst du gerne auf Reisen – Tickets kaufen, Koffer packen und alles andere hinter dir lassen? Nun, es gibt etwas, das kannst du niemals hinter dir lassen: mich und meine Liebe. Egal, wie weit du auch gehst, ich bin da und ziehe dich immer zu mir her, spreche mit dir und bitte dich, mir die Regie in deinem Leben zu überlassen.
Sicher, du kannst deine eigenen Wege gehen und deine eigenen Pläne machen. Du bist frei. Aber bedenke: Das, wovor du weglaufen willst, wird dich verfolgen und einholen. :-o Den Ruf, den du in der Kirche nicht hören wolltest, hörst du dann in einem Gespräch, oder du liest ihn in der Zeitung. Das Schicksal, dem du den Rücken gekehrt hast, wird dir hinter jeder Ecke begegnen. Lauf also nicht davon, meine Tochter. Dein Leben hat wirklich einen Sinn, und die tiefe Zufriedenheit des Herzens findest du in mir.
Der, dem du vertrauen darfst,
>Gott

Brunnen Verlag 11:55 100%

Deine allerschönste Arbeit

Herr, unser Gott! Zeige uns deine Güte! Laß unsere Mühe nicht vergeblich sein! Ja, laß unsere Arbeit Früchte tragen!

Psalm 90,17

Hallo! Woran denkst du gerade?
>Manchmal schaut die Welt auf eine Frau herab, die keiner bezahlten Arbeit nachgeht. Aber ich möchte, dass du weißt: Ob du nun außer Haus arbeitest oder nicht, eine der schönsten Tätigkeiten, die du jemals ausüben kannst, besteht in der täglichen Entscheidung, deiner Familie zu dienen. :-) Wenn du es mit der richtigen Einstellung tust, dann ist die Sorge für die, die du liebst, ein Segen für sie und für dich.
Weil der Dienst an anderen für meinen Sohn eines der wichtigsten Dinge war, kannst du seine Nähe ganz besonders spüren, wenn du deiner Familie dienst. Ob du einen Tisch abwischst oder den Salat putzt oder einem Kind eine Geschichte vorliest, du schaffst deinen Lieben einen Hafen der Schönheit und der Gemütlichkeit. Du füllst ihren emotionalen Tank. Also betrachte jede kleine Dienstleistung als Lobpreisopfer.
Der Mittelpunkt deines Heims,
>Gott

Brunnen Verlag 11:55 100%

«In» ist bald wieder «out»

Anmut kann täuschen, und Schönheit vergeht wie der Wind – doch wenn eine Frau Gott gehorcht, verdient sie Lob! Rühmt sie für ihre Arbeit und Mühe!

Sprüche 31,30–31

Ich grüße dich!
>Zu jeder Saison bringen die Modemagazine neue Kreationen berühmter Modeschöpfer heraus. Viele Leute stürzen sich in einen hektischen Kaufrausch, nur um sicherzustellen, dass in ihren Kleiderschränken auch wirklich «der letzte Schrei» hängt. Obwohl das, was heute «in» ist, spätestens in einem Jahr schon wieder unmodern sein wird. Es ist nichts Falsches daran, wenn man gut aussehen möchte. Aber sei dir über das launenhafte, flüchtige Wesen äußerer Schönheit bewusst.
Ich suche nach innerer Schönheit – nach einem strahlenden Herzen, das voller Demut vor mir steht und mir gefallen möchte. Wenn ich eine Frau mit einem solchen Herzen sehe, dann sage ich zu mir: «Was für eine Schönheit!» Und darum achte darauf, dass du mehr Zeit damit verbringst, mein Buch über innere Schönheit zu lesen, anstatt Magazine über modische Kleider zu verschlingen. Demut und Glaube werden nie unmodern.
Der, der die wirkliche Schönheit kennt, :-)
>Gott

Brunnen Verlag 11:55 100%

Aus Schwäche wird Segen

Und so trage ich alles, was Christus mir auferlegt hat: alle Mißhandlungen und Entbehrungen, alle Verfolgungen und Ängste. Denn ich weiß: Gerade wenn ich schwach bin, bin ich stark durch Christus.

2. Korinther 12,10

Ich hab gerade an dich gedacht!
>Kennst du noch die Geschichte vom hässlichen Entlein? Es war ein Schwan, der aus Versehen bei einer Entenfamilie zur Welt kam. Als er aufwuchs, fühlte er sich traurig und unglaublich anders. Aber es war eben diese Andersartigkeit, die ihn schließlich zu einem wunderschönen erwachsenen Schwan werden ließ.
Manchmal sind es genau die Eigenschaften und Schwächen, die du an dir gehasst hast, die dir hinterher am meisten Segen bringen und dich glücklich machen. :-)
In unserer Beziehung gilt das für *alle* deine Schwächen. Weil deine Schwächen dich nämlich dazu veranlassen, mich um meine Stärke zu bitten. Dann wird aus deiner Schwäche ein Segen und keinesfalls ein Problem. Genau dies lenkt dich in meine Arme. Also freu dich an deinen Schwächen. Lass dich von ihnen zu meiner Stärke leiten.
Der mit den grooooßen Armen, :-o
>Gott

Nichts zu lachen

Sofort eilte Lot zu den Verlobten seiner Töchter und rief ihnen zu: «Schnell, verschwindet aus dieser Stadt, denn der Herr wird sie vernichten!»

1. Mose 19,14

Geliebte Tochter!
>Das Kino hat ein Klischee von einem christlichen Unheilspropheten mit Schaum vor dem Mund und mit einer apokalyptischen Botschaft auf einem Schild kreiert. Diese karikierte Figur soll in den Filmen anscheinend komisch sein. >:-(
Aber glaube mir, Sünde und ihre Auswirkungen sind nichts, worüber man lachen sollte. Wenn du mich also sagen hörst: «Geh weg von hier; es wird dein Tod sein», dann kannst du sicher sein, dass es mir ernst damit ist. Weil ich dich liebe, würde ich niemals zulassen, dass du in deiner Sünde stirbst, ohne dass ich dich warnen und für einen Ausweg sorgen würde. Aber es ist wichtig, dass du schnell reagierst, sonst musst du wirkliche (und vielleicht sogar tödliche) Konsequenzen erleiden. :,-(Deshalb bereue deine Verfehlungen und geh weg aus der «Sündenstadt».
Ich sorge für einen Weg hinaus,
>Gott

Vergiss den neumodischen Kram

Ihr aber gehört zum Herrn, eurem Gott. Darum haltet ihm die Treue! Die Völker, die ihr vertreibt, hören auf Magier und Wahrsager. Doch euch hat der Herr, euer Gott, dies verboten.

5. Mose 18,13–14

Ein großes «Schalom» für dich!
>Heutzutage glauben manche Leute, Christsein sei aus der Mode gekommen. Sie betrachten es wie ein abgewetztes Sofa in einem Trödelladen. «Ein mehr auf die Gesellschaft bezogener Glaube ist auf dem Glaubensbasar um die Ecke zu bekommen», scheinen sie zu denken. «Und warum solltest du denn Gott anbeten wollen, wenn wir doch alles dafür tun können, *selbst* Gott zu sein?» >:-(
Das Problem mit den Produkten vom Glaubensbasar ist, dass es dort keine Erlösung gibt, keine solide Grundlage, keine absolute Wahrheit. Wenn man diese neumodischen Glaubensrichtungen praktiziert, dann ist das, als würde man sein Porträt bei Regen auf den Boden malen. Es hat keinen Bestand. Aber wenn du mir folgst, dann ist es, als ob du dein vollkommenes Ich in wertvollen Marmor haust. Du bist so wertvoll für mich, meine Tochter. Gib dich nicht mit dem billigeren Kram ab.
Die Markenware,
>Gott

ııll Brunnen Verlag 11:55 100%

Ich habe dich auserwählt

«Laß dich von seinem Aussehen … nicht beeindrucken … Denn ich urteile nach anderen Maßstäben als die Menschen. Für die Menschen ist wichtig, was sie mit den Augen wahrnehmen können; ich dagegen schaue jedem Menschen ins Herz.»

1. Samuel 16,7

Geliebte Tochter!
>Ich halte immer Ausschau nach dem Mann oder der Frau, die entschlossen sind, mir zu folgen. Ich habe Samuel zu Isais Haus geschickt, damit er denjenigen seiner Söhne salben sollte, der am ehesten die Absicht hatte, mir zu folgen. Samuel betrachtete jeden der erwachsenen Söhne von Isai ganz eingehend, aber er konnte nicht finden, wonach er suchte. Warum nicht?
Der, auf den ich mein Herz gesetzt hatte, war derjenige, der sein Herz auf mich gesetzt hatte, und er war noch ein Junge. :-o David hatte den demütigen, treuen Geist und die absolute Hingabe, und danach suchte ich.
Heute liegt mein Wohlwollen und meine Liebe auf dir, meine Tochter. Egal, welche Schwächen du hast, ich habe dich erwählt. Wenn du mir dein Herz ganz gibst, dann werde ich dich kraftvoll gebrauchen. Wirst du die Frau nach meinem Herzen sein?
Ich blicke nach innen,
>Gott

Auf dem Weg zur Verheißung

Deshalb bin ich auch ganz sicher, daß Gott sein Werk, das er bei euch durch den Glauben begonnen hat, zu Ende führen wird, bis zu dem Tag, an dem Jesus Christus wiederkommt.

Philipper 1,6

Wie geht es dir heute?
>Jedermann weiß, dass sich Raupen am Ende in Schmetterlinge verwandeln. Aber zunächst sind sie definitiv Raupen. Sie können nicht fliegen. Sie bewegen sich sehr langsam. Und sie sehen aus wie dicke, fette Würmer.
Wenn du deinen geistlichen Weg mit mir beginnst, dann gebe ich dir das Versprechen, dass du geistlich reif wirst, Heilung und Ganzheit erfährst. Aber so weit bist du noch nicht. Geistlich gesehen bist du noch immer eine Raupe. Also hör auf, dich selbst dafür zu bestrafen, dass du noch nicht vollkommen bist, und bleibe auf dem Weg zu der Verheißung. Ich habe dich zum Fliegen geschaffen, aber es ist ein Prozess, der Zeit, Geduld und eine Menge Gnade erfordert.
Es ist sogar so, dass niemand jemals wirklich in den Genuss aller meiner Verheißungen kommt, bevor er nicht durch den Kokon des Todes in mein vollkommenes Himmelreich kommt. Und darum lebe anmutig in dieser Raupenhülle, und sei die Frau, zu der ich dich gemacht habe. Vertraue weiterhin meinem Versprechen, dass du einmal fliegen wirst.
>Gott

Brunnen Verlag 11:55 100%

Du hast einen Anspruch darauf

Und wen Gott dafür bestimmt hat, den hat er auch in seine Gemeinschaft berufen; wen er aber berufen hat, den hat er auch von seiner Schuld befreit. Und wen er von seiner Schuld befreit hat, der hat schon im Glauben Anteil an seiner Herrlichkeit.

Römer 8,30

Hallo, meine Liebe!
>Wenn deine Familie ein großes Unternehmen besitzen würde, würdest du sicherlich nicht jeden Tag in die Hauptverwaltung gehen und dort den Boden und die Computer putzen, in der Hoffnung, dafür bezahlt zu werden. Dir würde dein Anspruch, die Sicherheit und Anerkennung in diesem Unternehmen sehr wohl bewusst sein.
Leider sind unter meinen Kindern einige, die bereits den vollen Erbanspruch auf mein Reich haben, die aber immer noch meinen, sie müssten sich einen Platz in der Firma verdienen. Sie putzen immer noch außerhalb meines Herzens und versuchen, das zu verdienen, was ihnen doch schon gehört. :,-(Weißt du, deine guten Taten sollten nicht den Zweck verfolgen, meine Anerkennung zu erlangen. Du hast bereits meine ganze Liebe. Darum bitte ich dich: Nimm deinen Platz in meinem Unternehmen ein. :-)
Der Schöpfer alles Herrlichen,
>Gott

Komm so, wie du bist

Selbst für einen guten Menschen würde kaum jemand von uns sterben, obwohl es das vielleicht geben mag. Gott aber hat uns seine große Liebe gerade dadurch bewiesen, daß Christus für uns starb, als wir noch Sünder waren.

Römer 5,7–8

Heute möchte ich dir etwas erzählen:
>Was wäre, wenn dein Sohn ausreißen würde und du überall nach ihm suchen würdest? Du würdest jede Nacht von ihm träumen und jeden Tag für seine Rückkehr beten. Eines Tages schließlich würdest du ihn sehen, wie er deine Einfahrt heraufkommt, verprügelt und dreckig. Würdest du zu ihm sagen: «Tut mir Leid, mein Junge; es ist schön, dich zu sehen, aber geh erst einmal unter irgendeine Dusche und such dir eine Stelle, damit du dir ein paar neue Kleider kaufen kannst. Dann kannst du vielleicht nach Hause kommen»? Das glaube ich nicht! Du würdest auf ihn zulaufen, ihn in die Arme nehmen und Freudentränen weinen. :,-) Du würdest ihm ein Bad einlaufen lassen und ihn wieder gesund pflegen. Ganz genauso ist es bei mir. Du brauchst dich nicht erst schön anzuziehen, bevor du zu mir kommen kannst. Du bist mein Kind. :-) Auch der größte Dreck kann mich nicht davon abhalten, dich in die Arme zu schließen. Keine Wunde ist so tief, dass ich sie nicht heilen könnte. Komm so, wie du bist.
Der, der mit Ausreißern klarkommt,
>Gott

Brunnen Verlag 11:55 100%

Gib sie niemals auf

Schon brechen die Wächter auf der Mauer in Freudengeschrei aus; alle miteinander jubeln, denn mit eigenen Augen sehen sie, wie der Herr zum Berg Zion zurückkehrt.

Jesaja 52,8

Hallo, bist du okay?
>Die Familienmitglieder eines vermissten Soldaten werden ihn sicherlich nicht vergessen und sich niemals so verhalten, als ob er tot wäre. :,-(In den USA hängen viele Verwandte sogar besondere Fahnen in ihren Vorgärten auf, um damit zu dokumentieren, dass sie den Vermissten nicht vergessen können. Oft setzen sie ihr ganzes Geld ein, um ihn zu finden und wieder nach Hause zu bringen.
Genauso solltest du es als Christin machen, wenn du siehst, wie christliche Brüder oder Schwestern sich vom Glauben abwenden. Gib sie niemals auf.
Versuche liebevoll zu erfahren, was sie dazu gebracht hat. So lange sie leben, wird sich ihr Geist danach sehen, wieder nach Hause zu kommen. Und so lange du lebst, sollte dein Glaube hoffen und beten, dass sie wieder zurückkommen. Hänge eine Fahne nach draußen (oder eben einen Merkzettel in deine Bibel) für die geistlich Vermissten und hilf ihnen, zu mir nach Hause zu kommen.
Der Eine, der wartet,
>Gott

Brunnen Verlag 11:55 100%

Komm nicht als Zuschauer

Du sollst Gott, deinen Herrn, lieben mit deinem ganzen Herzen, von ganzer Seele, mit aller Kraft und deinem ganzen Verstand. Und deinen Mitmenschen sollst du so lieben wie dich selbst.

Lukas 10,27

Meine geliebte Tochter!
>Wenn du zu einer Sportveranstaltung gehen willst, dann brauchst du dafür nur eine Eintrittskarte zu kaufen. Vielleicht kaufst du auch noch etwas zu knabbern und zu trinken und bekommst davon Sodbrennen. Aber das Spiel selbst beeinflussen solche Dinge natürlich nicht.
Mit der Anbetung ist es völlig anders. Zu kommen ist nur der Anfang. Die beiden Hauptakteure auf dem Spielfeld der Anbetung sind du und ich. Auch wenn es scheint, als ob der Pastor und der Gebetsleiter die Hauptpersonen seien – dem ist nicht so. Sie wissen, dass ihre Hauptaufgabe darin besteht, dich zu ermutigen, dass du dich mit mir triffst. Also komm mit offenem Herzen und sei bereit. Gib mir 110 Prozent deiner Anbetung. Bete so, wie du es auch wirklich meinst. Ringe mit mir über die schwierigen Dinge. Suche mich mit ganzem Herzen. Anbetung ist keine Zuschauersportart, darum komm nicht nur zum Zuschauen. Komm zum Spiel!
Ich begegne dir auf dem Spielfeld,
>Gott

Nicht abhalten lassen!

Laßt also nicht nach in euerm Bemühen, Gutes zu tun. Es kommt eine Zeit, in der ihr eine reiche Ernte einbringen werdet. Gebt nur nicht vorher auf!

Galater 6,9

Du, ich bin's mal wieder!
>Wenn du nach dem gemeinsamen roten Faden in den meisten menschlichen Erfolgsgeschichten suchen solltest, würdest du den Faden der Beharrlichkeit finden. Jeder erfolgreiche Mensch, sei es Thomas Edison, Madame Curie oder Albert Einstein, hat sich geweigert, sich von Rückschlägen von seinem eigentlichen Ziel abhalten zu lassen. Erfolgreiche Menschen finden immer einen Weg voran, egal wie groß die Hindernisse unterwegs sind. Diese Eigenschaft der Beharrlichkeit ist in meinem Reich sogar noch wichtiger. Wenn ich dir eine Aufgabe zu erledigen gebe oder dich bitte, für eine bestimmte Situation zu beten, dann möchte ich, dass du dich nicht durch Entmutigungen davon abbringen lässt. Aufgeben führt auf direktem Weg zur Niederlage. Und denk daran, es ist nicht deine Kraft, die dich voranbringt, sondern meine. «Was du vorhast, wird dir nicht durch die Macht eines Heeres und nicht durch menschliche Kraft gelingen: Nein, mein Geist wird es bewirken! Das verspreche ich, der Herr, der allmächtige Gott.»
Deine Kraft zum Durchhalten, :-)
>Gott

So war es nicht gedacht

Ob ich nun wenig oder viel habe, beides ist mir durchaus vertraut, und so kann ich mit beidem fertigwerden … Das alles kann ich durch Christus, der mir Kraft und Stärke gibt.

Philipper 4,12–13

Ein Gedanke für dich:
>Wenn du wirklich glaubst, du könntest die ganze Welt auf deinen Schultern tragen, dann brauchst du wohl eine Dosis Realität verabreicht. Wenn du wirklich glaubst, dass du intellektuell in der Lage bist, jedes Problem zu lösen, mit dem dich das Leben konfrontiert, dann brauchst du erst einmal einen Schock. Es war niemals so gedacht, dass du dich auf deine eigene Kraft oder Intelligenz verlassen solltest. Selfmade-Männer und Selfmade-Frauen waren nicht meine Idee.
David war schon von Kindesbeinen an mit der Quelle seiner Kraft in Verbindung. Als sich ganz Israel voller Angst vor einem riesigen Philister duckte, stellte sich David mit seiner Steinschleuder vor Goliat hin und sprach: «Ich aber komme mit der Hilfe des Herrn … Heute noch wird der Herr dich in meine Gewalt geben.» Und das habe ich auch getan. Also vertraue mir in jeder Situation. Ich gebe dir die Kraft, die du brauchst, um dich jedem Riesen in deinem Leben stellen zu können. :-o
Die Quelle deiner Kraft,
>Gott

Sei leidenschaftlich radikal

Setzt euch unermüdlich für Gottes Sache ein. Laßt euch ganz vom Heiligen Geist durchdringen, und steht Gott jeden Augenblick zur Verfügung.

Römer 12,11

Mein Friede sei mit dir!
>Hast du dich schon einmal an einem kalten Tag auf einen Teller heiße Suppe gefreut und musstest dann feststellen, dass sie kalt geworden war? Zum Heulen. Jesus fühlte sich genauso, als er seine Nachfolger sah. Er warnte die Christen in Laodicea: Wenn sie das Feuer unter ihrem Glauben nicht anheizen würden, dann würde er sie ausspeien wie einen Löffel lauwarmer Suppe. >:-(
Jesus empfindet eine Liebe für dich, die alles andere als lauwarm ist. Er liebt dich so leidenschaftlich, dass er sein Leben für dich gegeben hat. Er sehnt sich danach, dass du leidenschaftlich und radikal bist und dich ganz für ihn einsetzt. Er will, dass die Leute wissen, dass du «für den Herrn entbrannt» bist. Ein solch brennender Geist wird gebraucht, damit du dich gegen alles behaupten kannst, das dich mit allen bösartigen Mitteln von deinem christlichen Weg abbringen will. Lebe also leidenschaftlich für meinen Sohn und mich.
Dein leidenschaftlicher Vater,
>Gott

Brunnen Verlag 11:55 100%

Achte auf das, was du sagst

Wer viele Worte macht, wird sicher schuldig – darum hält der Kluge sich zurück. Wer Gott gehorcht, spricht Worte so wertvoll wie reines Silber; die Gedanken des Gottlosen dagegen sind völlig wertlos.

Sprüche 10,19–20

Hast du schon einmal über Folgendes nachgedacht?
>Worte sind mächtig. Sie können aufbauen oder niederreißen, sie können Harmonie oder Chaos schaffen, sie können Hoffnung oder Verzweiflung bringen. Die Frau, die ihre Zunge unter Kontrolle hat, weiß, wann sie sprechen soll und wann sie lieber schweigt. Sie muss nicht in jeder Situation das letzte Wort haben.
Ich weiß, dass du den Begriff «Halte Frieden» schon mehr als einmal gehört hast. Du kannst das sprichwörtlich tun, indem du deine Zunge unter Kontrolle hältst. Oft werde ich dir, wenn du wartest, einen besseren Zeitpunkt zeigen und dir eine Gelegenheit geben, wo du offen deine Meinung sagen kannst, ohne irgendetwas zu zerstören. Lass mich dir den Geist der Weisheit und der Geduld geben, und deine Worte können zu Hause und bei der Arbeit Instrumente des Friedens sein. :-)
Das lebendige Wort,
>Gott

Brunnen Verlag 11:55 100%

Verlass diese rastlose Straße

Seid nicht hinter dem Geld her, sondern zufrieden mit dem, was ihr habt. Denn Gott hat uns versprochen: «Niemals werde ich euch verlassen. Ich werde für euch sorgen, daß es euch an nichts fehlt!»

Hebräer 13,5

Sei gegrüßt!
>Sieh dich einmal um. Es gibt nur sehr wenige Menschen, die wirklich zufrieden sind. In der Geschäftswelt ringen Männer und Frauen nach einem höheren Gehalt und stürzen sich dabei immer tiefer in Schulden. Die gesamte Werbe-Industrie konzentriert sich darauf, die Leute dahingehend zu beeinflussen, dass sie Dinge wollen, die sie eigentlich gar nicht brauchen und die sie sich auch nicht leisten können. >:-(
Ich möchte dich von der Lüge befreien, dass jedes zusätzliche Teil dich zufriedener macht. Das stimmt nämlich nicht. Die Wahrheit ist: Ein Stück mehr vergrößert nur deinen Wunsch, noch mehr haben zu wollen. Die Welt gaukelt dir eine Illusion der Zufriedenheit vor, die dich antreibt wie die Karotte an der Stange, die den Esel zum Gehen bringt. Verlass diese rastlose Straße. Die einzig wahre Zufriedenheit wirst du nur in mir finden. Ich bin mehr als genug.
Der, der hält, was er verspricht,
>Gott

Das Glaubensleben ist keine Show

Ich möchte aufrichtig und weise regieren – Herr, hilf mir dabei! An meinem Hof soll nur geschehen, was ich vor dir verantworten kann.

Psalm 101,2

Schalom, meine Liebe!
>Hast du schon einmal eine beeindruckende christliche Rednerin gesehen, wie sie mit meinem Wort vor einer Menschenmenge umgeht? «Was für ein geistlicher Superstar!» hast du vielleicht gedacht. Diese Rednerin hat vielleicht Talent, und sie setzt es in der Öffentlichkeit gut ein. Aber die Menschen sehen sie nie, wie sie zu Hause ist. Wie geht sie mit ihrem Mann um? Ermutigt sie ihn? Ist sie zärtlich? Wie ist sie zu ihren Kindern? Nimmt sie sich Zeit, ihnen zuzuhören, und hilft sie ihnen bei Problemen? Was für eine Nachbarin ist sie? Was für eine Freundin? Wie ist sie als Angestellte, als Kollegin? Das Leben des Glaubens ist keine Show. Ich bin viel mehr daran interessiert, wer du bist, sobald die Scheinwerfer abgeschaltet sind und das Publikum nach Hause gegangen ist. Ich möchte dir helfen, auf der Bühne des täglichen Lebens vorbildlich zu leben, und zwar unter denen, die dich am besten kennen. :-)
Der Herr, der dich kennt,
>Gott

Brunnen Verlag 11:55 100%

Ich habe alles gesehen!

Die Güte des Herrn hat kein Ende, sein Erbarmen hört niemals auf, es ist jeden Morgen neu! Groß ist deine Treue, o Herr!

Klagelieder 3,22–23

Meine Liebe,
>glaube nie, dass du es so schlimm vermasselt hast, dass es keinen Neuanfang mehr gibt. Gerade wenn du glaubst, dass deine Sünde meine Gnade getötet hat, dann wird meine Barmherzigkeit wie Blumen im Frühling aufblühen. Wenn ich mir selbst einen Spitznamen geben sollte, dann würde er lauten: «Der Gott der Neuanfänge», ;-) weil es meine Spezialität ist, dir zu helfen, immer wieder neu anzufangen. Wenn du mir nicht glaubst, dann lies in der Bibel. Sie ist, einfach gesagt, eine Geschichte, in der Menschen laufend alles vermasseln, das ich dann wieder in Ordnung bringe. Auf jeder Seite wirst du fehlerhafte und sündige Menschen treffen.
Glaube mir, was du falsch gemacht hast, macht mich traurig, weil es dir Schmerzen zufügt. Aber überraschen tut es mich nicht. Ich habe schon alles gesehen. Also bleib nicht weg. Ich habe für dich eine Menge Vergebung auf Lager, auf der dein Name steht.
Der, der dir treu ist,
>Gott

Meine Definition von Schönheit

Nicht äußerliche Dinge … dürfen für euch Frauen wichtig sein. Nein, euch sollen … Eigenschaften von unvergänglichem Wert schmücken, wie Freundlichkeit und Güte; denn wahre Schönheit kommt von innen. Und diese Werte zählen vor Gott.

1. Petrus 3,3–4

Geliebte Tochter!
>Was macht eine große Schönheit aus? Die Mode-Industrie hat eine Sichtweise, ich habe eine andere. Designer in der Bekleidungs-Industrie finden einen irgendwie heimatlosen Frauenkörper und benutzen ihn als Kleiderständer, an den sie ihre Kreationen hängen. Sie zeigen ihm, wie man einen Laufsteg auf und ab geht und wie man für die Kamera posiert. Und das nennen sie dann schön. :,-(Sie finden ein Gesicht mit attraktiven Zügen und schminken es dann so lange, bis man kaum noch die Person darunter erkennt. Sie zeigen diesem Gesicht, wie es heißblütig, verführerisch oder lebhaft dreinblicken soll. Und das nennen sie dann schön. :,-(
Wahre Schönheit ist niemals eine Mode oder ein Make-up. Sie entsteht von innen heraus – aus der stillen Liebenswürdigkeit eines freundlichen Geistes. Wenn du still in meiner Gegenwart sitzt und betest, dann betrachte ich dich und sehe die Art von Schönheit, die mir gefällt.
Der mit dem ganz anderen Urteil,
>Gott

Achte darauf, was du dir ansiehst

Auf unnütze und schädliche Vorhaben lasse ich mich niemals ein. Ich hasse es, wenn sich Menschen bewußt über Gottes Gebote hinwegsetzen. Mir selbst soll das niemand nachsagen!

Psalm 101,3

Ich bin's mal wieder!

>Bist du schon einmal durch einen Schweinestall gelaufen? Wenn ja, dann wirst du das sicher niemals vergessen. Der Geruch der Tiere hängt noch an dir, wenn du schon lange wieder weg bist. Genauso ist es mit abartigen und perversen Beschreibungen in Büchern und geschmacklosen Szenen in Filmen oder im Fernsehen. Du denkst vielleicht, du kannst einfach das Buch schließen oder den Fernseher ausschalten und das, was du gelesen oder gesehen hast, einfach abblocken. Leider geht das nicht. Solche Szenen und Beschreibungen bleiben an deinem Geist hängen wie der Dreck von einem Schweinestall an deinen Schuhen. :-(

Von Natur aus bist du ein geistlich empfindsames Wesen. So habe ich dich geschaffen. Aber ich habe dich so gemacht, damit du meine Güte aufsaugen kannst, nicht den Schmutz der Welt. Bitte sei vorsichtig mit dem, was du dir ansiehst.

Der Heilige,

>Gott

Der größte Gentleman

Wendet euch Gott zu, dann wird er zu euch kommen. Wascht die Schuld von euren Händen … und laßt Gott allein in eurem Herzen wohnen.

Jakobus 4,8

Da fällt mir etwas ein:
>Hast du schon einmal die Redensart gehört: «Gott ist ein Gentleman»? Tja, dieser Satz stimmt. ;-)
Obwohl ich mir mehr als alles andere eine Beziehung mit dir wünsche, bin ich viel zu sehr Gentleman, als dass ich die Tür deines Herzens einfach niederreißen und ungebeten eintreten würde. Aber sobald du dich entschließt, dich mir zu nähern, werde ich mich auch dir nähern. Sobald du mich bittest, bei dir einzutreten, bin ich schon da.
Und wenn ich erst einmal in dein Herz gekommen bin, dann können wir so vieles miteinander teilen. Ich helfe dir, deinem Schicksal entgegenzutreten. Ich helfe dir, auf meinen Wegen zu gehen. Ich reinige dein Herz von jeglicher Spur alter Sündhaftigkeit, und ich richte die Zimmer deines Lebens mit Gerechtigkeit ein. Öffne dich in kindlicher Einfachheit meiner Liebe, und ich werde dir genau an dem Punkt begegnen, wo du dich mir übergibst.
Der größte Gentleman,
>Gott

Zeit, nach vorne zu schauen

Bleibt nicht bei der Vergangenheit stehen! Schaut nach vorne, denn ich will etwas Neues tun! Es hat schon begonnen, habt ihr es noch nicht gemerkt? Durch die Wüste will ich eine Straße bauen, Flüsse sollen in der öden Gegend fließen.

Jesaja 43,18–19

Geht's dir gut heute?
>In der Einsamkeit des Winters ist es manchmal schwer vorstellbar, dass der Frühling jemals wiederkommt. Aber in jedem blattlosen Ast und jeder geschlossenen und vergrabenen Knolle steckt die Schönheit, das Leben und die Farbe des Frühlings, der nur darauf wartet, endlich Einzug zu halten. :-o Vielleicht fühlt sich dein Herz im Augenblick auch wie eine Winterlandschaft an. Aber glaube mir, das neue Leben steht schon vor der Tür. Kümmere dich nicht mehr allzu sehr um alte «Herzensdinge». Bekenne deine Fehler und lass die Bitterkeit los. Jetzt ist es Zeit voranzugehen. Schau! Ich mache etwas Neues. Meine Pläne für dich rollen sich auf wie das Frühlingsgrün der neuen Blätter, die vor Leben nur so strotzen.
Der Herr des Frühlings,
>Gott

Brunnen Verlag 11:55 100%

Dein Kind ist mein Kind

Sie nahm einen Korb aus Schilfrohr und dichtete ihn mit Erdharz und Pech ab. Dann legte sie das Kind hinein und setzte es im Schilf am Nilufer aus.

2. Mose | 2,3

Hallo, ich grüße dich!

>Dein Kind hast du nur für eine bestimmte Zeit geliehen bekommen. Ich möchte, dass du es liebst, so wie es ist – aber bete dafür, dass es wird, wie es einmal sein kann. Frage mich, und ich will dir seinen Platz in meinem Reich zeigen. Ich will dein Gebet einsetzen, um dein Kind auf meine Pläne für sein Leben hin auszurichten. :-)

So wie Moses Mutter ihn in den Fluss setzte, so musst du am Ende auch dein Kind in den Strom des Lebens aussetzen und darauf vertrauen, dass ich es an das richtige Ufer bringe. So wie Maria im Tempel damit konfrontiert wurde, wer ihr Sohn war, so wirst auch du mit derselben Tatsache konfrontiert: Die Zeit wird kommen, in der es dein Kind auch mit mir zu tun bekommt. Ich habe große Pläne für dein Kind, so wie für dich. Vertraue mir und lass dein Kind gehen.

Dein und sein Vater,

>Gott

Brunnen Verlag 11:55 100%

Du bist du, du bist mein!

Eines Tages sprach der Herr zu mir: «Ich habe dich schon gekannt, ehe ich dich im Mutterleib bildete, und ehe du geboren wurdest, habe ich dich erwählt.»

Jeremia 1,4–5

Fein, dass du das liest!
>Als du noch ein Kind warst, war es da nicht toll, wenn du mal als Erste zum Spiel in eine Mannschaft gewählt wurdest? Ich möchte, dass du weißt, dass du als Allererste in meine Mannschaft gewählt worden bist. Du bist hier aus einem ganz bestimmten Grund. Du bist Teil meines Planes. :-)
Immer wenn du versucht bist, dich unbedeutend zu fühlen, dann möchte ich, dass du dich daran erinnerst, wie wertvoll du mir bist. Noch bevor du geboren warst, wusste ich ganz genau, wer du sein würdest. Als du noch im Bauch deiner Mutter warst, habe ich dich schon nach meinen Vorstellungen gestaltet. Ich habe keine Fehler gemacht, als ich dich gemacht habe. Ich bin stolz auf dich. Sei im Frieden mit dir selbst. Du bist auserwählt. Du bist du. Du bist mein!
Der, der dich gestaltet hat,
>Gott

Brunnen Verlag 11:55 100%

Jetzt bist du dran mit Surfen!

Welchen Wert hat es, wenn jemand behauptet, an Christus zu glauben, aber an seinen Taten ist das nicht zu erkennen! Kann ihn ein solcher Glaube vor Gottes Urteil retten?

Jakobus 2,14

Mein Licht sei mit dir!
>Stell dir vor, jemand gibt dir ein Spitzen-Surfbrett und ein Handbuch über das Surfen. Am ersten Tag liest du alles über das Brett und darüber, wie es gebaut ist. Am zweiten Tag liest du über die Techniken des Surfens. Am dritten Tag liest du über die Sicherheit beim Surfen und die Geschichte des Surfens in Amerika. Monatelang liest du intensiv das Handbuch. Stundenlang sitzt du am Strand und beobachtest andere Leute auf ihren Surfbrettern. Aber wenn du dein Brett nie ins Wasser bringst und die Aufregung des Wellenreitens nie spürst, wozu soll das dann alles gut sein? Dann könntest du genauso gut darauf verzichten.
Genauso ist es mit deinem Glauben. Du kannst alles über mich lesen und es glauben. Aber wenn du niemals deinen Glauben in Aktion versetzt, wozu soll er uns beiden dann nützen? Was soll das dann? Also los, jetzt bist du dran mit Surfen! :-)
Der Herr des Glaubens *und* der Taten,
>Gott

Brunnen Verlag 11:55 100%

Komm, lass mich dich heilen

Himmel und Erde, jubelt, ihr Berge, brecht in Freudenschreie aus! Denn der Herr hat sein Volk getröstet. Voll Erbarmen nimmt er sich der leidenden Menschen an.

Jesaja 49,13

Ich musste gerade an dich denken!
>Ich sehe zurück auf deine Kindheit und sehe all die vielen Male, als du verletzt wurdest, absichtlich oder unabsichtlich. Ich höre die schmerzenden Worte und sehe die beschämenden Taten, und ich kenne die Narben, die du deswegen hast. :,-(Manchmal waren es genau die Menschen, von denen du Liebe erwartet hast, die dich am meisten verletzt haben. Manchmal waren es sogar Mitglieder deiner eigenen Familie! Aber auch wenn du verletzt wurdest, *ich* werde dir nie Schaden zufügen. Auch wenn du hängen gelassen wurdest, ich will dich niemals im Stich lassen. Ich spreche Worte der Hoffnung und Heilung, des Trostes und der Freundlichkeit zu dir. Du bist immer in meinen Gedanken. Ich habe eine großartige Zukunft für dich vorgesehen. Bitte komm jetzt und lass dich von mir heilen.
Der, der trösten kann wie kein anderer,
>Gott

Sei unbedingt standhaft!

Bleibt fest und unerschütterlich in euerm Glauben! Setzt euch für den Herrn ganz ein; denn ihr wißt, nichts ist vergeblich, was ihr für ihn tut.

1. Korinther 15,58

Hallo, hier bin ich wieder!
>Hast du schon einmal versucht, aufrecht in der Brandung zu stehen, wenn ein Brecher heranrollt? Die Wellen können dir den Boden unter den Füßen wegziehen. Und du weißt aus Erfahrung, die unschönen Überraschungen und Veränderungen des Lebens sind ziemlich gut mit diesen Wellen vergleichbar. Sie können dich geistlich umwerfen, wenn du nicht fest auf meinem Fundament stehst. Sie hauen dich um, schlagen über dir zusammen. Aber bete während der Veränderungen ganz ruhig weiter, dann helfe ich dir, deinen Weg zu finden. Suche mich, und ich werde dir deinen Platz in meinem Reich zeigen. Unterstelle dich meinem Willen, und ich will dich stärken und dir helfen, dass du fest stehen bleibst, auch inmitten der tosenden und manchmal gewaltigen Wellen des Lebens. :-)
Dein Gebetspartner,
>Gott

Kein Zweifel!

Betet aber in großer Zuversicht, und zweifelt nicht; denn wer zweifelt, gleicht den Wellen im Meer, die vom Sturm hin- und hergetrieben werden. Ein solcher Mensch kann nicht erwarten, daß Gott ihm etwas gibt.

Jakobus 1,6–7

Hallo, liebe Tochter!
>Hast du gewusst, dass schon der geringste Zweifel die Segel deines Glaubens zerreißen und dich aus dem Rennen werfen kann? :-o Jeder hat manchmal Zweifel. Jeder Mann und jede Frau. Darum ist es so wichtig zu wissen, wie man damit umgeht.
Zunächst einmal darfst du dich nicht verstellen. Nenne die Dinge beim Namen, wie sie sind. Zweitens, bringe jeden kleinen Zweifel ans Licht und bitte mich um mehr Glauben. Bete wie der Mann, der sagte: «Ich glaube! Hilf mir mehr zu glauben!» Das ist ein Gebet, das ich gern erhöre. Es ist nicht notwendig, zu zögern oder zu zittern. Ich kenne dein Herz, und ich kann deine Zweifel beruhigen. Ich liefere dir sogar so viel Glauben, wie du brauchst, wann immer du ihn brauchst. Das verspreche ich dir.
Der Glaubenslieferant,
>Gott

Brunnen Verlag 11:55 100%

Erfahre meine Treue

Denn ich bin bei dir, so wie ich bei Mose gewesen bin. Ich lasse dich nicht im Stich, nie wende ich mich von dir ab.

Josua 1,5

Ich hoffe, es geht dir rundum gut!
>Nachdem Mose gestorben war, rief ich Josua an seine Stelle. Kannst du dir vorstellen, wie beängstigend das für Josua gewesen sein muss? Die Leute haben Mose immer als geistlichen Riesen gesehen. Josua hätte antworten können: «Wer, ich? Du machst wohl Witze!» Aber das tat er nicht. Er sah nicht auf seine Ängste und Zweifel. Er sah nicht auf die anderen Menschen. Stattdessen sah er auf mich, und ich half ihm, in die großen Schuhe von Mose zu steigen. Er sah auf mich und erfuhr, dass ich bei jedem Schritt auf dem Weg in das verheißene Land treu war. :-)
Was ich zu Josua gesagt habe, das sage ich auch dir, mein Kind. So wie ich bei Mose war, so werde ich auch bei dir sein. Ich habe keine bevorzugten Lieblinge. Ich bin hier, um dich in dein Schicksal zu geleiten. Höre zu, und du wirst meinen Ruf in deinem Leben hören.
Der, der sich nicht abwendet,
>Gott

ııll Brunnen Verlag 11:55 100%

Höre mit deinem ganzen Leben

Denn die ganze Heilige Schrift ist von Gottes Geist eingegeben. Sie lehrt uns, die Wahrheit zu erkennen, unsere Schuld einzusehen, uns von Grund auf zu ändern und so zu leben, daß wir vor Gott bestehen können.

2. Timotheus 3,16

Mein Friede sei mit dir!
>Mein Wort ist mehr als Papier und Tinte, mehr als Wörter und Sätze. Mein Wort ist mein Wesen, meine Weisheit, meine Führung, meine Liebe – in Buch- und Brief-Form aufbereitet. Es ist Gesundheit und Leben, Wahrheit und Heilung. Es ist das Wesentliche meiner Person!
Halte dir mein Wort vor Augen. Lass es die Räume deines Herzens durchwandern – lass es reinigen, geradebiegen, neu anordnen. Lass es die Türen zu einigen Dingen schließen und Fenster für andere öffnen. Mein Wort kann für dein Herz ein Begleiter, ein Herd und ein Haushälter sein, ein Gärtner, der deine Gedanken jätet, und ein Wächter gegen Eindringlinge. :-o Und wenn du heute mein Wort öffnest, dann lies es mit deinen Augen, aber höre mit deinem ganzen Leben.
Der zu dir spricht,
>Gott

Ich will dich ausrüsten

Sind unter euch, die Jesus nachfolgen, wirklich viele, die man als gebildet … bezeichnen könnte? Nein, denn Gott hat sich die Schwachen ausgesucht, die aus menschlicher Sicht Einfältigen, um so die Klugen zu beschämen.

1. Korinther 1,26–27

Ich grüße dich herzlich!
>Glaubst du wirklich, ich hätte dich auserwählt, weil du ein intellektuelles Genie oder eine geistliche Riesin wärest? Nein. Ich habe dich erwählt, weil du bereit warst, mir zu vertrauen und mir nachzufolgen – bereit, dich gebrauchen zu lassen. Mach dir keine Gedanken darüber, welche Arbeit ich für dich habe. Ich wäre niemals so dumm und würde dich irgendwohin schicken, ohne dich vorher auszurüsten. ;-)
Sieh mal, wie oft ich einen Menschen erwählt habe, der ungeeignet zu sein schien. David schien viel zu klein, um einen Riesen zu töten. Maria schien viel zu jung, um die Mutter eines Retters zu sein. Mose schien zu alt, um ein Volk zu befreien. Aber ich habe sie ausgerüstet, und sie haben ihre Aufgabe erfüllt. Also denk daran: Wie groß auch deine Aufgabe ist – meine Kraft, sie zu bewältigen, ist größer.
Dein Ausrüster,
>Gott

Gib mir dein Leben

Weil ihr Gottes Barmherzigkeit erfahren habt, fordere ich euch auf, liebe Brüder, mit Leib und Leben für Gott dazusein. Seid ein lebendiges und heiliges Opfer, das Gott gefällt. Einen solchen Gottesdienst erwartet er von euch.

Römer 12,1

Friede sei mit dir!
>Was ist Anbetung? Ist es singen, tanzen, aus der Bibel lesen? Ist es Zeugnis ablegen? All das kann Teil eines Anbetungsgottesdienstes sein. Aber Anbetung selbst ist, wenn du mir ganz bewusst dein Leben gibst. Anbetung ist, wenn du dich erhebst – deinen Körper, deine Seele und deinen Geist – und wenn du sagst: «Nimm mich, Vater. Ich bin dein.» Ich möchte, dass du mehr bist als ein Tempel, der bloß für mich gebaut wurde; ich möchte auch, dass du ein Tempel bist, der mir geweiht ist, damit ich in dir wohnen kann. :-)
Darum ist Anbetung mehr als nur die Hoffnung, dass du mein bist. Anbetung ist eine definitive Entscheidung, mir zu gehören. Anbetung ist, wenn du alles von dir zusammenträgst – deine Hoffnungen, deine Träume, deine Talente, auch deine Enttäuschungen und dein Scheitern – und es mir dann gibst. Ich möchte alles von dir.
Der, der deine Anbetung liebt,
>Gott

Brunnen Verlag 11:55 100%

Achte auf die Details

Welchen Wert hat schon ein Spatz auf dem Dach! Trotzdem fällt keiner tot zur Erde, wenn es euer Vater nicht will. Selbst die Haare auf eurem Kopf sind alle gezählt. Darum habt keine Angst! Ihr seid Gott mehr wert als ein ganzer Spatzenschwarm.

Matthäus 10,29–31

Meine liebe Tochter!
>Du lebst in einer Welt voller Fließbänder, die laufend Massenprodukte ausspucken. Nur ganz selten kommt es vor, dass man ein einzigartiges Produkt findet, das mit großer Sorgfalt einzeln hergestellt wurde. Wenn du dich nach solch pfleglicher Handarbeit und ausgezeichneter Handwerkskunst sehnst, dann denke an meine Welt. Schau dir meine Blumen an, meine Vögel und meine Schmetterlinge. Oder meine Schneeflocken! Ich habe auf jedes Detail geachtet, und keine zwei sind genau gleich. :-o
Und du, mein Kind, bist der Stolz meiner Schöpfung – schön, intelligent, bewundernswert! Als ich dich geschaffen habe, habe ich ganz besonders Acht gegeben auf jedes Detail. Wie kannst du da auch nur auf die Idee kommen, dass ich nicht an jedem kleinen Problem oder an jeder Entscheidung, die bei dir ansteht, an jeder kleinen Feier oder jedem Erfolg in deinem Leben interessiert wäre? Jedes einzelne Detail meiner komplexen Schöpfung ist mir wichtig.
Der Handwerksmeister,
>Gott

Mein Wort persönlich nehmen

Wer aber die Botschaft von der Rettung und Befreiung erkannt hat und immer wieder danach handelt, der hat sie nicht vergeblich gehört. Er kann glücklich sein, denn Gott wird ihn segnen und alles, was er tut.

Jakobus 1,25

Hallo, geht's dir gut?
>Viele Christen machen schöne Worte, aber sie verhalten sich oft nicht so, wie sie reden. Sie können zum Beispiel ganze Kapitel und Verse aus der Bibel über Vergebung zitieren, aber wenn du in ihr Herz sehen könntest, würdest du dort nur versteckte Unversöhnlichkeit finden. >:-(
Mir ist aber beides wichtig – intensiv in der Bibel lesen und auch danach handeln. Wie willst du mich kennen lernen, wenn du meine Worte nicht liest? Und wie willst du mich ehren, wenn du diese Worte dann nicht befolgst? Meine Worte sind Worte der Freiheit. Aber sie können dich nur dann frei machen, wenn du sie aus den Seiten herausnimmst und in die Praxis umsetzt. Fang heute damit an. Ich möchte, dass du mein Wort persönlich nimmst und täglich danach handelst. Lerne, was ich sage, und dann geh den Weg, den ich dir gezeigt habe.
Ich bin der Eine, der redet,
>Gott

Brunnen Verlag 11:55 100%

Sei keine geladene Kanone

Und durch die Liebe soll all unser Glauben und Handeln sich immer mehr an Christus ausrichten, der das Haupt seiner Gemeinde ist.

Epheser 4,15

Schalom, meine Liebe!
>Die Wahrheit kann wie eine Kanonenkugel sein. Wenn sie ohne Rücksicht auf seine Gefühle auf das Herz eines Menschen abgefeuert wird, dann kann sie tödlich wirken. Hast du schon einmal jemanden kennen gelernt, der wie eine «geladene Kanone» daherkommt? Wenn diese Person den Mund aufmacht, dann visiert sie irgendjemanden an und hinterlässt dann nur noch verletzte Menschen im Kielwasser ihrer Worte. Sie handelt sogar so, als ob ihre Ehrlichkeit geradezu eine Tugend wäre. :-(
Aber Ehrlichkeit ohne Liebe ist bei weitem keine Tugend. Ich rede nicht so mit dir, und ich möchte auch nicht, dass du mit anderen so redest. Wenn ich dir die Wahrheit sage – auch wenn es harte Worte sind –, dann kommt sie immer im Mantel der Ermutigung zu dir. Lass mich dir helfen, den Menschen in deinem Leben die Wahrheit in Liebe zu sagen.
Die Wahrheit und Liebe in Person,
>Gott

Bring mir deine Nöte

Kurzentschlossen stiegen sie auf das Dach, deckten die Ziegel ab und ließen den Mann auf seiner Trage durch die Öffnung zu Jesus hinunter. Als Jesus sah, wie groß ihr Glaube an ihn war, sagte er zu dem Gelähmten: «Deine Sünden sind dir vergeben!»

Lukas 5,19–20

Mein Friede sei mit dir!
>Mein Tipp an dich: Bete zielgerichtet. Suche entschlossen nach meinen Antworten. Folge mir nach wie die Männer, die sich so verzweifelt die Heilung ihres gelähmten Freundes wünschten, dass sie nicht aufzuhalten waren, nach einer konkreten Lösung zu suchen. Als sie nicht zu Jesus durchkommen konnten, ließen sie ihren Freund auf seiner Trage durch das Dach vor die Füße meines Sohnes hinunter! :-)
Lass dich durch nichts davon abhalten, zu mir zu kommen. Bete inständig. Bring deine Nöte immer wieder vor mich und lege sie mir zu Füßen. Vergebung und Heilung werden dann zu dir kommen, das verspreche ich dir. Komm jetzt zu mir. Bitte!!!
Deine Antwort,
>Gott

Brunnen Verlag 11:55 100%

Es hat einen Sinn

Denn sie alle gehören zu dem Volk, das meinen Namen trägt. Ich habe sie zu meiner Ehre geschaffen, ja, ich habe sie gemacht. Mein Volk soll vortreten!

Jesaja 43,7–8

Meine kostbare Tochter!
>Gerade heute stehen wieder viele, viele Menschen auf, ziehen sich für die Arbeit an, frühstücken und begeben sich in die Belastungen ihres Lebens, ohne dass sie irgendeine Ahnung davon hätten, warum sie tatsächlich existieren. Der Sinn jedes Lebens ist einfach und schön: mich zu verherrlichen. Der Sinn ist, dass ich mein ganzes Licht und die Schönheit und die Kraft des Himmels durch ihre einzigartige Persönlichkeit hindurchleuchten lassen kann, bis die ganze Welt von meiner Herrlichkeit erfüllt ist. :-)
Und deshalb verbreite die Worte: «Immanuel, Gott ist mit uns! Er hat uns zu diesem Zweck geschaffen: ihn zu kennen, seinen Geist tief in uns aufzunehmen und seine Liebe zu feiern!» Das ist die gute Nachricht, die meine Kinder nach Hause bringt.
Dein dich liebender Vater,
>Gott

Brunnen Verlag 11:55 100%

Klammere dich an die Versprechen

Denn ich gieße Wasser auf das durstige Land und Ströme auf das ausgetrocknete Feld. Ja, ich gieße meinen Geist über euren Nachkommen aus, mit meinem Segen überschütte ich eure Kinder.

Jesaja 44,3–4

Ich denke viel an dich!
>Ich weiß, dass sich jede christliche Mutter danach sehnt, dass ihre Kinder mich kennen lernen. Das wünsche ich mir natürlich auch. Ich warte auf den Tag, an dem jedes einzelne in meine Arme läuft, denn deine Kinder sind ja auch meine Kinder. :-)
Aber sie können nicht zu mir kommen, wenn sie am Rockzipfel *deines* Glaubens hängen. Jeder muss seinen eigenen Glauben finden und sich selbst dafür entscheiden. Ich habe versprochen, deine Kinder nach Hause zu bringen und meinen Geist über sie auszugießen. Aber es ist nicht deine Aufgabe, dafür zu sorgen, dass diese Versprechen eingelöst werden. Du kannst deine Kinder lieben, ja, aber du kannst sie nicht in meine Arme treiben. Klammere dich stattdessen an meine Versprechen, bete im Glauben und beobachte, wie sie sich zu mir nach Hause wenden.
Der Vater deiner Kinder,
>Gott

Die Freude am geistlichen Weg

Gott wollte euch zeigen, wie unbegreiflich und wunderbar dieses Geheimnis ist, das für alle Menschen auf dieser Erde gilt: Christus lebt als der Auferstandene mitten unter euch. Er hat euch die Hoffnung auf die Herrlichkeit Gottes geschenkt.

Kolosser 1,27

Ich habe einen Gedanken für dich!
>Wenn du mir gehörst, dann beziehe ich meine Wohnung in deinem Herzen. Wenn dein Herz mein Zuhause ist, dann lebe ich mein Leben mitten in deinen täglichen Entscheidungen, Schmerzen und Aktivitäten. Solange du die Beziehung mit mir aufrechterhältst, solange du meinem Geist in dir nachgibst – solange sind deine Gedanken meine Gedanken, sind deine Entscheidungen meine Entscheidungen und sind deine Aktivitäten von einer Art, die mir gefällt.
Du musst nicht alle zehn Minuten deine geistliche Temperatur messen und sagen: «Was mache ich? Bin ich gerecht genug?» Du kennst die Freiheit eines Lebens mit mir an deiner Seite, du kennst die Freude des geistlichen Weges. Und jeden Tag wirst du etwas deutlicher verstehen, was Jesus meinte, als er sagte: «Ich folge in allem dem Beispiel meines Vaters.» Das nenne ich Verherrlichung. :-)
Das Leben in dir,
>Gott

Was betest du an?

Wie kann man nur auf den Gedanken kommen, sich einen Gott zu basteln, eine völlig nutzlose Metallfigur? Wer sich auf diese Machwerke einläßt, wird bitter enttäuscht. Sie sind ja doch nur von Menschen hergestellt.

Jesaja 44,10–11

Ich grüße dich!
>Wenn du Berichte über alte Völker liest, die vor steinernen Götzenbildern niederknieten, dann denkst du dabei wahrscheinlich, wie zurückgeblieben und unaufgeklärt sie doch waren. Aber auch heute gibt es Menschen, wahrscheinlich sogar in deiner Nachbarschaft, deren Herzen «niederknien» vor ihren Häusern, die doch nichts anderes als Steinhaufen und Betonmauern sind, oder vor ihren Autos, die doch nur blecherne Materie sind, oder vor ihren Kleiderschränken, in denen sich nichts anderes befindet als zugeschnittener und zusammengenähter Stoff. Wahrscheinlich sind sie sich noch nicht einmal darüber im Klaren, dass sie sich in einer Anbetungssituation befinden; aber ich weiß das sehr wohl. >:-(Wenn jemand den größten Teil seines Denkens, seiner Energie und seiner Kräfte für etwas anderes als mich verwendet, dann ist diese Sache sein Gott, sein Götze.
Prüfe doch einmal deine Seele. Bin ich wirklich der, den du anbetest? Mach mich zu deinem –
Ein und Alles,
>Gott

Brunnen Verlag 11:55 100%

Sein Sieg war dein Sieg

Alles im Himmel und auf der Erde sollte durch Christus mit Gott wieder versöhnt werden und Frieden mit ihm finden. Das ist geschehen, als er am Kreuz sein Blut vergoß.

Kolosser 1,20

Hallo, meine Liebe!
>Die Menschen sahen sich Jesus an, als er in Galiläa umherwanderte, und sahen dabei nichts Spektakuläres – einen gewöhnlichen Arbeiter mit rauen Händen in einfachen Kleidern. Sie wussten nur wenig davon, dass dieser eine, der mit ihnen redete, lachte und aß, das Schicksal des Universums in sich trug. In ihm war die Kraft, meine Kinder zu heilen und meine verlorene Welt mit mir zu versöhnen.
Es schien eine grausame Tragödie zu sein, wie er sein Blut vergoss, als er geschlagen und verprügelt am Kreuz hing. Sein Tod und seine Bestattung schienen eine schreckliche Verschwendung zu sein. :,-(Aber als der Stein weggerollt war und er durch die Tore des Todes in meine Ewigkeit hindurchbrach, war seine Geschichte ein vollkommener Sieg. Dein Sieg! :-)
Sein und dein Vater,
>Gott

Brunnen Verlag 11:55 100%

Umgeworfen von meiner Gegenwart

Steh auf, Jerusalem, und leuchte! Denn das Licht ist gekommen, das deine Finsternis erleuchtet. Die Herrlichkeit des Herrn geht auf über dir wie die Sonne.

Jesaja 60,1

Friede sei mit dir!
>Christen sprechen gern über meine Herrlichkeit, und doch können nur wenige von ihnen mit einer Definition davon aufwarten. Herrlichkeit ist viel mehr als die gewöhnlichen Synonyme wie zum Beispiel Großartigkeit, Wunder, Größe und Glanz. Es ist eine Ehrfurcht gebietende Erfahrung, mit meiner Gegenwart erfüllt und von ihr überwältigt zu werden. Wenn du eine lebendige, dauerhafte Beziehung mit mir hast, dann ist meine Herrlichkeit über dir. Sie strömt aus dir heraus auf andere, die dich umgeben. Heute ermutige ich dich, dich noch einmal ganz neu unserer Beziehung hinzugeben. :-) Komm zu mir, und lass mich dein Herz mit dem Feuer meiner Herrlichkeit in Brand setzen, damit du nach draußen gehen und die Welt entzünden kannst.
Dein herrlicher Vater,
>Gott

Brunnen Verlag 11:55 100%

Eine Kur gegen den Stress

Siebenmal am Tag lobe ich dich, Herr. Denn deine Entscheidungen sind gut und gerecht. Wer dein Gesetz liebhat, lebt in Frieden und wird niemals scheitern.

Psalm 119,164–165

Hallo, bist du okay?
>Eines der begehrtesten Objekte des modernen Lebens ist der innere Friede. Achte einmal darauf, wenn du das nächste Mal in der Schlange an der Kasse des Supermarktes stehst, wie viele Zeitschriften es gibt, die mit Artikeln werben, wie man Stress abbauen kann. Stressfreies Leben gibt es eben kaum noch unter den Menschen in deiner Gesellschaft. Wo gehst *du* hin, um inneren Frieden zu bekommen? Manche Menschen verlassen sich auf übermäßiges Essen und viel Trinken oder lassen sich Medikamente verschreiben. Manche meinen, ein Einkaufsbummel würde die innere Angst beruhigen – aber das hält eben leider nicht für lange.
Hier ist mein Rezept für ein stressfreies Leben (du kannst es allerdings nicht in der Apotheke abholen): Komm zu mir, und ich werde dir Ruhe geben. Lies in meinem Wort. Lerne meinen Sohn kennen. Empfange meinen Geist. Und dann spüre den Frieden, der darauf folgt. :-)
Der, der deine Stürme stillt,
>Gott

Tu, was du tun musst

Ihr meint wohl, der Herr sei zu schwach, um euch zu helfen, und dazu noch taub, so daß er eure Hilferufe gar nicht hört. O nein! Eure Schuld – sie steht wie eine Mauer zwischen euch und eurem Gott!

Jesaja 59,1–2

Da bin ich wieder!
>Glaube nicht, ich hätte nicht gehört, wie du mich gerufen hast. Glaube nicht, ich hätte dich in die Warteschleife gestellt. Ich möchte dir helfen. Aber etwas steht zwischen uns. :-(Sei leise in meiner Anwesenheit und höre, was mein Geist dir zu sagen versucht. Nimm Papier und Bleistift mit. Schreibe auf, was du in deinem Herzen gehört hast. Ich frage dich: Gibt es da jemanden, dessen Vergebung du brauchst? Gibt es da jemanden, der dir Unrecht getan hat und dem du nicht vergeben hast? Gibt es etwas, das ich dir aufgetragen habe, das du immer noch nicht getan hast? Ein Verhalten, das ich dich gebeten habe zu ändern? Eine Einstellung, die ich dich gebeten habe zu korrigieren?
Diese Dinge (du weißt ja, was es ist) stehen zwischen dir und mir. Bitte, mein Kind, lass nicht zu, dass uns etwas trennt. Kümmere dich heute darum. Lebe konsequent.
Dein Vater,
>Gott

ııll Brunnen Verlag 11:55 100%

Wirf die «Religion» weg

Darum ist es auch unsinnig, daß ihr euch Vorschriften machen laßt über eure Eß- und Trinkgewohnheiten oder bestimmte Feiertage, religiöse Feste und was man am Sabbat tun darf oder nicht. Das alles sind nur schwache Abbilder …

Kolosser 2,16–17

Meine geliebte Tochter!
>Hör nicht auf Leute, die dir erklären wollen, wie man Religion «betreibt». Lass dich nicht in all die Regeln hineinziehen, die solche Dinge besagen wie: «Zieh dich so an und nicht anders.» Oder: «Bete so, aber nicht anders.» Manche Menschen lieben Religion. Sie können sich bequem und sicher und gerecht fühlen, wenn sie alles «richtig» machen. :-(Religion ist dein Versuch, mich durch deine eigenen Bemühungen zu erreichen. Aber Christsein hat nichts mit Religion zu tun. Hier geht es um eine persönliche Beziehung zu mir. Und diese Beziehung basiert darauf, dass ich dir meine Hand reiche und dich mit meiner Gnade berühre. Wirf die Religion weg, und lass uns mit unserer Beziehung weitermachen.
Der, der dich immer erreicht,
>Gott

So viele Verkleidungen ;-)

Vergeßt nicht, Gastfreundschaft zu üben; denn ohne es zu wissen, haben manche auf diese Weise Engel bei sich aufgenommen.

Hebräer 13,2

Schalom, meine Liebe!
>Hattest du schon einmal einen Überraschungsbesuch von einer Nachbarin – einem Kind oder einem Erwachsenen –, als du gerade mitten im Gewühl einer Arbeit gesteckt hast? Was hast du da gedacht, ohne es auszusprechen? «Na super! Schon wieder eine Unterbrechung. Genau das kann ich jetzt überhaupt nicht brauchen.»
Ich möchte dir etwas über Überraschungsgäste und unerwartete Unterbrechungen sagen. Oft sind es Abgesandte von mir: Boten, die in deine Geschäftigkeit einbrechen und deine Herzens-Einstellung überprüfen. Also, lass dich nicht so sehr von deinen Terminen gefangen nehmen, dass du deswegen meine Boten aussperrst. Wenn du deine Tür öffnen und einen Engel auf der Schwelle stehen sehen würdest, würdest du ihn nicht hereinlassen? Wer weiß, vielleicht ist das verdreckte Kind oder diese komische alte Frau vom anderen Ende der Straße gerade mein Engel in Verkleidung. :-o Ich bitte dich: Heiße sie willkommen.
Der Herr der vielen «Verkleidungen»,
>Gott

Behalte dieses Bild

Schau dich um! Aus allen Richtungen strömen sie zu dir: Von weither kommen deine Söhne, und deine Töchter werden auf den Armen herbeigetragen. Was du da siehst, läßt dein Herz höherschlagen, du wirst vor Freude strahlen.

Jesaja 60,4–5

Geliebte Tochter!
>Ich möchte dir ein Bild ins Herz pflanzen; ein Bild, das dich inspirieren wird, für deine Kinder zu beten. Betrachte sie mit den Augen deines Herzens und sieh, wie dein eigener Sohn oder deine Tochter zu mir heimkommen. Stell dir dein Kind vor, wie es nach Hause kommt, wie es sich fröhlich und hoffnungsvoll mir und meinem Himmelreich nähert.
An dem Tag wird dir klar werden, wie unwichtig deine alltäglichen Sorgen waren. An dem Tag wirst du sie alle beiseite legen und mit mir die Straße hinunterlaufen, um dein geliebtes Kind zu begrüßen, auf das du so lange gewartet hast. Ich werde einen Ring für seinen Finger parat haben, ein Gewand für seine Schultern vorbereiten und ein Freudenfest mit der Familie des Glaubens auf die Beine stellen.
Behalte dieses Bild im Herzen und bete dafür, dass es wahr wird.
Die Heimat jeder Seele,
>Gott

Gebt ihr ihnen etwas zu essen

«Gebt *ihr* ihnen zu essen!» forderte Jesus sie auf. «Aber wir haben nur fünf Brote und zwei Fische!» entgegneten die Jünger. «Oder sollen wir etwa für all die Leute Essen besorgen?»

Lukas 9,13

Mein Friede sei mit dir!
>Mein Sohn muss ja innerlich gelächelt haben, als er seine Jünger aufforderte, der Menschenmenge zu essen zu geben. Er wusste, dass sie einen Anflug momentaner Panik bekommen würden. Aber auf diese Weise gewann er ihre Aufmerksamkeit. «Gebt *ihr* ihnen zu essen!» sagte er. Was hätten sie anderes tun sollen, als auf Jesus zu sehen? Und da bat er sie, ihm ihre mageren Habseligkeiten zu bringen, und er tat ein Wunder. :-o
Wie erstaunt mögen sie gewesen sein, als sie sich das riesige Picknick betrachteten, das sie gerade ausgerichtet hatten! Und als es vorbei war, waren immer noch zwölf Körbe mit Resten übrig. Dies ist ein Bild von meiner Gnade: Bring das, was du hast, zu Jesus (auch wenn es nicht viel ist), und er wird deine Mittel dazu benutzen, um andere zu segnen, wie du es dir nie zuvor erträumt hättest.
Der Herr der Gnade und der Macht,
>Gott

Brunnen Verlag 11:55 100%

Auf zwei Ebenen leben

Wenn ihr nun mit Christus zu einem neuen Leben auferstanden seid, dann richtet euer ganzes Leben nach ihm aus. Seht dahin, wo Christus ist, auf dem Ehrenplatz an Gottes Seite. Richtet eure Gedanken auf Gottes kommendes Reich ...

Kolosser 3,1–2

Hast du ein wenig Zeit?
>Es ist leicht, dein Leben von dem monotonen, alltäglichen Existenz-Einerlei aufsaugen zu lassen, das auf dieser Ebene immer wieder die Trommel des Hier und Jetzt schlägt. Aber das Leben hat so viel mehr zu bieten als nur deine Wäsche, den Haushalt, deine Verpflichtungen im Beruf. Du kannst dich um diese Dinge kümmern, ohne dass du dich ganz von ihnen vereinnahmen lassen musst.
Du wurdest geschaffen, um auch auf einer anderen, geistlicheren Ebene zu leben. Auf dieser geistlichen Ebene erwarten dich Staunen und Schönheit und die Entdeckung deiner Persönlichkeit. :-) Du musst nicht in ein fremdes Land reisen oder einen Kleiderschrank voller neuer Kleider kaufen, um sie zu erleben. Jesus bietet dir seine Abenteuer inmitten deines täglichen Lebens an. Öffne die Augen und dein Herz für das, was er auf dieser geistlichen Ebene für dich bereit hat.
Sein und dein Vater,
>Gott

Vollkommene Baupläne

Denn ich allein weiß, was ich mit euch vorhabe: Ich, der Herr, werde euch Frieden schenken und euch aus dem Leid befreien. Ich gebe euch wieder Zukunft und Hoffnung.

Jeremia 29,11

Hallo, meine Liebe!
>Wenn Bauherren mitten in einem Projekt stehen, dann sieht die Baustelle aus wie Kriegsgebiet. Überall liegt Material verstreut herum, der Schmutz des Fundaments ist allgegenwärtig, und nichts sieht so aus, als ob es irgendeinen Sinn ergäbe. Aber der Bauleiter, der den Plan hat, kann das Endergebnis sehen, sogar mitten in dem Bauprojekt. :-o
Heute sieht deine Zukunft vielleicht noch kalt oder undeutlich aus. Aber wenn du sehen könntest, welche großartigen Pläne ich für dich habe, dann würdest du jubeln. Selbst wenn es scheint, als würden alle möglichen Teile deines Lebens ohne erkennbare Ordnung herumliegen, kann ich doch sehen, dass meine Pläne in dir erfüllt werden. Mach dir nicht über jedes kleine Detail Sorgen, das kommen wird. Bleib dran. Ich baue dich nach meinem vollkommenen Bauplan.
Dein Architekt,
>Gott

Du trägst mich gut

Ich freue mich über den Herrn und juble laut über meinen Gott! Denn er hat mir seine Rettung und Hilfe geschenkt. Er hat mich damit bekleidet wie mit einem schützenden Mantel.

Jesaja 61,10

Ich dachte gerade an dich!
>Wenn du Zeit mit mir verbringst und auf meine Stimme hörst und die Worte verstehst, die ich in dein Herz flüstere, dann wirst du nicht in der Lage sein, die Freude, die du empfindest, für dich zu behalten. Sie wird aus dir heraussprudeln wie das Wasser eines Baches. Sie wird wie die Musik eines Liedes aus dir herausfließen. Gedanken wie: «Ich weiß, dass ich mehr über meinen Glauben sprechen sollte», werden dir dann nicht mehr kommen. Ganz natürlich und überhaupt nicht aufdringlich wird die Tatsache, dass du glaubst, auf deinem Gesicht und in deinen Gesprächen erkennbar sein. :-)
Stell dir vor, du würdest ein tolles, perfekt sitzendes Kleid aus einem edlen Stoff tragen. Würden das die Leute nicht bemerken? Genauso wird es mit den Kleidern der Erlösung und dem Gewand der Gerechtigkeit sein, die ich dir gegeben habe. Du siehst toll aus in meiner Liebe. :-)
Der, der dich einkleidet,
>Gott

Brunnen Verlag 11:55 100%

Ich verstecke mich nicht

Wenn ihr mich sucht, werdet ihr mich finden. Ja, wenn ihr mich von ganzem Herzen sucht, will ich mich von euch finden lassen. Das verspreche ich euch.

Jeremia 29,13–14

Liebste Tochter!
>Ich spiele kein geistliches Versteckspiel mit dir. Ganz im Gegenteil! Ich bin genau hier, und wenn du bereit bist, mich zu finden, dann findest du mich auch. Du weißt, woran du mit mir bist. Du findest mich, wenn du mich von ganzem Herzen suchst: Wenn du keine intellektuellen Spielchen mehr spielst, wenn du aufhörst, mich nach deinem Bild gestalten zu wollen, wenn du aufhörst, mir Ultimaten und Termine zu setzen und mir zu sagen, wie Gott handeln sollte. Kurzum: Wenn wirklich *ich* es bin, den du willst, und nicht irgendeine Gottheit nach deiner eigenen Vorstellung. :-)
Ich bin der Gott des Gartens, der Flut, der Wildnis und der Berggipfel. Ich bin der Gott des Kreuzes, des Grabes, der Auferstehung und des Lebens. Ich bin der Vater von Jesus, und ich bin auch dein Vater.
Ich bin, der ich bin,
>Gott

Tauche alles unter

Ein Mann, er hieß Ananias, verkaufte zusammen mit seiner Frau Saphira ein Grundstück. Sie war damit einverstanden, daß er einen Teil des Geldes behielt und nur den Rest zu den Aposteln brachte.

Apostelgeschichte 5,1–2

Hallo, meine Liebe!
>Während der Kreuzzüge im zwölften Jahrhundert bezahlten einige der Kreuzritter Söldner, die an ihrer Stelle kämpfen sollten. Weil es ein Krieg aus «religiösen» Gründen war, verlangten die Kreuzritter, dass sich die Söldner taufen ließen, bevor sie in die Schlacht zogen. Als sie getauft wurden, ließen sich einige der Söldner untertauchen, aber sie hielten dabei ihr Schwert hoch, weil sie den Einsatz ihres Schwertes nicht Jesus unterwerfen wollten.
Was hältst du jetzt aus dem Wasser heraus, während du mir nachfolgst? Habe keine Angst, alles in mir unterzutauchen. Lass mich diese herausstehenden und trockenen Bereiche deines Lebens unter mein reinigendes und heilendes Wasser bringen. Dann kann ich auch alles an dir als Segen für meine Welt verwenden.
Dein Vater,
>Gott

Du hast die Wahl

Liebt nicht diese Welt, die von Gott nichts wissen will. Hängt euer Herz nicht an sie, auch nicht an irgend etwas, das zu dieser Welt gehört. Denn wer die Welt liebt, kann nicht zugleich Gott, den Vater, lieben.

1. Johannes 2,15

Ich wünsche dir das Allerbeste!
>Gehst du manchmal in verschiedene Geschäfte, um herauszufinden, welcher Laden das günstigere Angebot hat? Heute möchte ich, dass du das, was die Welt anbietet, mit dem vergleichst, was ich dir anbiete. Du hast die Wahl.
Die Welt bietet ein Glück feil, das von den Umständen abhängt. Ich biete Freude an. Die Welt hat eigennützige Motive und verborgene Pläne. Ich biete dir bedingungslose Liebe. In der Welt behaupten sich Schuldzuweisung, Schande und Verurteilung. Ich biete dir Vergebung und einen neuen Anfang. Die Welt bietet Abhängigkeiten, Zwänge und vergängliche Befriedigung. Ich erfülle dich mit dem Frieden, der über alles Verstehen hinausgeht. In der Welt herrschen gebrochene Schwüre und Verträge. Ich gebe dir mein Wort, das sich niemals ändert. Die Welt bietet nur eine traurige Imitation des Lebens. So was kann man von mir wirklich nicht sagen! …
Ich bin das Leben,
>Gott

Vertraue mir das Ergebnis an

Aus seinem Reichtum wird euch Gott, dem ich gehöre, durch Jesus Christus alles geben, was ihr zum Leben braucht. Dafür wollen wir Gott, unseren Vater, in alle Ewigkeit loben und preisen.

Philipper 4,19–20

Schalom, meine Liebe!
>Stell dir vor, der beste Konditormeister der Welt würde dir sein weltberühmtes Rezept für den Lieblingskuchen deines Mannes oder Freundes geben, damit du ihn zum Geburtstag für ihn backen könntest. Der Konditor kauft alle Zutaten, legt sie der Reihe nach hin und erklärt dir dann das Rezept. Wenn du seinen Anweisungen folgst, brauchst du dir keine Gedanken zu machen, ob der Kuchen auch tatsächlich gelingt.
Wenn du dein Bestes gibst, um meinem Willen nachzufolgen, dann kannst du das Ergebnis ruhig mir überlassen. Ich habe dir meine Anweisungen gegeben. Ich habe den Plan für deine Erlösung und für ein Leben in Fülle vor dir ausgebreitet. Du musst nicht herumsitzen und darüber nachgrübeln, wie dein Leben wohl sein wird, wenn es aus dem Ofen kommt. Es wird ein kulinarisches Meisterwerk sein! :-)
Der Chefkoch,
>Gott

Brunnen Verlag 11:55 100%

Beginne mit Lobpreis!

Schon früh am Morgen bringe ich dir ein Opfer und bete, weil ich weiß: du hörst mich. Gib mir doch Antwort!

Psalm 5,4

Ein Gedanke für dich:
>Beten ist nicht schwierig. Es ist sogar sehr einfach. Beten ist ein Gespräch zwischen deinem und meinem Herzen. Es ist der Ort, wo sich deine Fragen und meine Antworten begegnen. Es ist der Atem meines Heiligen Geistes, der die Flammen deines Glaubens entzündet. Mach dir keine Gedanken über das Beten. Mach keinen intellektuellen Exkurs daraus. Bete einfach.
Beim Beten lernst du am besten, wie man betet. Wenn du nicht weißt, wo du anfangen sollst, dann beginne mit Lobpreis. Wenn du dich unwürdig fühlst, dann bereue deine Fehler, und ich werde dir vergeben. Wenn du keine Worte findest, mühe dich nicht ab. Mein Geist weiß besser als du, wie du deine Sehnsucht ausdrücken sollst. Komm arm und bedürftig. Nimm alles in dir auf. Preise mich frei heraus.
Der Eine, der darauf wartet, dir zu begegnen, :-)
>Gott

Brunnen Verlag 11:55 100%

Nur du kannst dies beantworten

«Und für wen haltet *ihr* mich?» Da rief Petrus: «Du bist Christus, der verheißene Retter!»

Markus 8,29

Mein Friede sei mit dir!
>Stell dir vor, du wärst bei einer Gameshow und der Moderator würde dir sagen, dass deine Antwort auf die nächste Frage dein Leben grundlegend und für immer verändern würde. Ziemlich aufregend, nicht wahr! Jesus stellte Petrus eine Frage, die tatsächlich eine solche Bedeutung hatte. «Für wen hältst du mich?» fragte Jesus. Keine Macht der Welt hätte Petrus mit der Antwort helfen können. Seine Antwort war ganz persönlich. Für Petrus war Jesus der Christus, und das sagte er auch. :-)
Wer ist Jesus für dich? Ist er der Sohn Gottes, wie er das von sich behauptete, oder ist er deiner Meinung nach eine Möglichkeit unter vielen oder irgendein unbedeutender Prophet? Deine Antwort auf diese Frage bestimmt darüber, wie du dein Leben lebst. Für wen du ihn hältst, wird deinen Charakter formen und deine Zukunft verändern. Deine Antwort wird dich direkt durch die Tore zur Ewigkeit führen.
Der Eine, der deine Antwort erwartet,
>Gott

Sogar ich habe mich ausgeruht

Achte den Sabbat als einen Tag, der mir allein geweiht ist! Sechs Tage sollst du deine Arbeit verrichten, aber der siebte Tag ist ein Ruhetag, der mir, dem Herrn, deinem Gott, gehört.

2. Mose 20,8–10

Ich denke oft an dich!
>Ist dir schon einmal der Gedanke gekommen, dass selbst ich am siebten Tag ausgeruht habe? Glaubst du im Ernst, ich war müde? Ganz sicher nicht. Mir geht niemals die Kraft aus. Warum habe ich also geruht? Weil die Ruhe ein Teil meines Schöpfungsrhythmus ist. Sie ist in das Tuch meines Planes eingewoben. :-o
Arbeit kann zur Sucht werden. Sie drängt dich ständig, noch mehr zu tun – noch ein weiteres Ziel zu erreichen. Der Sabbat lädt dich ein, mich zu ehren, indem du langsamer machst und mich an die erste Stelle setzt. Es ist ein Tag, der dafür reserviert ist, dass meine Liebe dich erfrischen kann. Ich kann an einem Siebtel deiner Woche mehr für dich tun als du, wenn du dich immer weiter treibst und dich so völlig verausgabst. Ehre mich mit deinem Sabbat, und ich werde dich zurück zur Arbeit schicken, platzend vor frischen Einfällen.
Der Autor des vierten Gebotes,
>Gott

Brunnen Verlag 11:55 100%

Wie der Vater so der Sohn

«Ich bin nun schon so lange bei euch», entgegnete Jesus, «und du kennst mich noch immer nicht, Philippus? Wer mich gesehen hat, der hat auch den Vater gesehen.»

Johannes 14,9

Geliebte Tochter!
>Wie kannst du eine Liebe wie die meine verstehen – eine Liebe, die sich herablässt, um zu erobern; eine Liebe, deren Ziel die Gemeinschaft und die Erlösung ist? Sieh dir das Leben meines Sohnes an, und du wirst mich darin sehen. Sieh den Einen an, der bereit war, die Krone und den Thron und den Lobpreis der Engel aufzugeben, um als Baby in einem Stall zur Welt zu kommen. Sieh den Einen an, der niederkniete, um sich zur Buße taufen zu lassen, obwohl er niemals gesündigt hatte. Sieh ihn an, der Missbrauch und Folter über sich ergehen ließ, der blutete und litt und schließlich starb, damit du leben kannst, um zu lachen und zu lieben und mit mir versöhnt zu sein.
Alles, was du von mir wissen musst, siehst du in meinem Sohn, deinem Erlöser. Sieh ihn an; und dann wende dich zu mir. Ich möchte mit dir Gemeinschaft feiern.
Der größte Eroberer,
>Gott

Du kannst dir nichts verdienen

Durch meine Leistung kann ich vor Gott nicht bestehen, selbst wenn ich das Gesetz genau befolge. Was Gott für mich getan hat, das zählt. Darauf will ich vertrauen.

Philipper 3,9

Hallo, ich bin's mal wieder!
>Weißt du, dass du dir den Weg zu meiner Gnade nicht erarbeiten kannst? Du kannst dir deinen Weg in den Himmel nicht durch Wohlverhalten verdienen – egal, wie freundlich du dich gibst, egal, wie großzügig oder herzensgut oder gesetzestreu du bist. Du brauchst dich also nicht bis zum geistlichen Zusammenbruch abzumühen.
Komm zu mir, und lass mich dir eine wunderbare Wahrheit zeigen. Jesus hat schon alles getan. Sein Leben, sein Tod, sein Begräbnis und seine Auferstehung sind die einzigen Empfehlungsschreiben, die du an der Tür vorzeigen musst. Das war seine Aufgabe. Deine Aufgabe ist nun, in deinem Herzen zu glauben, dass er das alles für dich getan hat, und es dann auch wirklich anzunehmen. Verstehst du das, mein Kind? Es ist nicht deine Heiligkeit, die dich mit meinem Sohn gut stellt. Es ist vielmehr die Barmherzigkeit meines Sohnes, die dich heilig macht.
Der, der dich zur Ruhe bringt,
>Gott

Es ist Zeit zum Glücklichsein!

Glücklich sind, die sich nach Gottes Gerechtigkeit sehnen, denn Gott wird ihre Sehnsucht stillen. Glücklich sind die Barmherzigen, denn Gott wird auch mit ihnen barmherzig sein.

Matthäus 5,6–7

Ich wünsche dir einen gesegneten Tag!
>Wenn du merkst, dass du dich nach mehr von mir sehnst – nach mehr Führung, mehr Mut, mehr Trost, mehr Gemeinschaft, mehr Liebe –, dann ist es Zeit zum Glücklichsein. Warum? Weil du das bekommst, was du dir wünschst. Das garantiere ich dir! :-) Wenn du dein altes egoistisches Ich und dein altes egoistisches Leben leid bist, dann freue dich. Das ist der Augenblick, in dem das neue Leben des erlösten Ichs beginnt, wie eine Knospe aufzuspringen!
Nichts aktiviert mich mehr als der Mensch, der wirklich mit der Sünde Schluss machen will und der tatsächlich nach einem Neubeginn hungert. Ich werde Himmel und Erde in Bewegung setzen, um diesem Menschen zu geben, was er oder sie sich wünscht. Warum? Weil es genau das ist, was ich mir auch wünsche. Wenn du mehr möchtest, dann komm und lass dich zufrieden stellen. Meine Hände sind voll!
Der Herr des neuen Lebens,
>Gott

Jenseits deiner kühnsten Träume

Gott aber kann viel mehr tun, als wir von ihm erbitten oder uns auch nur vorstellen können. So groß ist seine Kraft, die in uns wirkt.

Epheser 3,20

Schalom, geliebte Tochter!
>Manchmal habe ich den Eindruck, dir ist gar nicht klar, mit wem du es zu tun hast, wenn du zu mir betest. Du kommst zögernd auf Zehenspitzen zu mir und sagst Dinge wie: «Wenn du vielleicht könntest.» Oder: «Könntest du versuchen, dir irgendeine Lösung auszudenken?» :-(Nun ja. Du dürftest offensiver sein.
Hör zu. Für mich ist alles möglich, und ich habe unbegrenzte Lösungen sofort zur Hand. Ich habe größere, bessere, erstaunlichere Dinge für dich, von denen du noch nicht einmal träumen würdest, dass du mich darum bitten könntest. Deine Vorstellungskraft kann überhaupt nicht erfassen, was ich tun kann: Dinge, die weit über deine glühendsten Gebete hinausgehen und die viel tiefer sind als dein tiefster Wunsch und höher als deine größte Hoffnung. Also, erweitere deinen Glauben, meine Tochter. Denke groß, und bitte mutig. Ich habe eines meiner besten Werke vor – in dir!
Der Eine mit den Antworten,
>Gott

Ein Sack voller Sorgen

Deshalb beugt euch in Demut unter Gottes mächtige Hand. Gott wird euch aufrichten, wenn seine Zeit da ist. Überlasst alle eure Sorgen Gott, denn er sorgt für euch.

1. Petrus 5,6–7

Sei gegrüßt, meine Liebe!
>Jedes Mal, wenn du dich um etwas sorgst, dann ist es, als ob du einen Ziegelstein in einen Sack packst und ihn dir auf deine Schultern lädst. Mit jeder neuen Sorge kommt ein weiterer Ziegelstein dazu, und jeden Kilometer, den du den Sack trägst, macht er dich schneller müde. Ziemlich bald werden dir deine Schultern wehtun, dein Rücken bricht dir förmlich durch, und du bist den Tränen nahe. :,-(
Ich kenne einen viel besseren Weg. Gib *mir* doch deinen Sack. Gib *mir* deine Sorgen. Ich will sie für dich tragen. Ich möchte mich um die Probleme kümmern, die diese Sorgen verursacht haben. Bring sie im Gebet zu mir, und gemeinsam werden wir sie auspacken, Stein für Stein. Ich möchte, dass du mir jeden einzelnen in die Hand gibst und mir jede Sorge immer wieder zurückgibst, bis du dich endgültig an die Tatsache gewöhnt hast: Ich bin dafür da, dich zu entlasten.
Der Ziegelsteinträger,
>Gott

Das Problem im Universum

Ich unglückseliger Mensch! Wer wird mich jemals aus dieser Gefangenschaft befreien? Gott sei Dank! Durch unseren Herrn Jesus Christus sind wir bereits befreit.

Römer 7,24–25

Hallo, Liebes!
>Ein bekannter englischer Schriftsteller wurde einmal von der Londoner *Times* gebeten, einen Beitrag zu dem Thema «Was ist das Problem im Universum?» zu schreiben. Seine lapidare Antwort lautete: «Ich.» :-o
Dieser Mann hatte eine Wahrheit verstanden, die auf jeden Menschen zutrifft. Ein anderer Job, ein anderer Mann oder eine andere Schwiegermutter würden auch keinen bedeutenden Unterschied in deinem Leben ausmachen. Eine bessere Figur, ein fetteres Bankkonto oder ein höheres Gehalt machen dich auch nicht wirklich glücklicher. Erst wenn du dich den Bereichen in deinem Innern stellst, die meiner Heilung bedürfen, erst dann wird sich konkret etwas ändern. Nur wenn du aufhörst, dich mit Äußerlichkeiten abzugeben, und die tiefe, kraftvolle Liebe empfängst, die nur Christus dir geben kann, wird dein Leben all das werden, wozu ich es bestimmt habe.
Dein Heiler,
>Gott

Brunnen Verlag 11:55 100%

Übe dich in Demut – trotzdem!

Erkennt eure Unwürdigkeit, und beugt euch vor dem Herrn! Erst dann wird Gott euch helfen und aufrichten.

Jakobus | 4,10

Da fällt mir noch etwas ein:
>In einer Welt, die von dir verlangt, immer die Beste, die Schnellste, die Klügste, die Reichste und Cleverste zu sein, mag es schwer sein, die Worte «übe dich in Demut» zu verdauen. Aber glaube mir, dies sind die Worte, die dir Frieden bringen können. In Situationen, in denen andere sich in die erste Reihe drängeln >:-(, möchte ich, dass du still wartest, bis du an der Reihe bist. Lass sogar absichtlich jemanden vor, und bete für diese Person, während du wartest. Wenn dir das schwer fällt, dann wende dich zu mir und sage: «Vater, das ist hart. Hilf mir.» Und ich werde dir helfen. :-)
Der Lohn für den Demütigen ist unermesslich. Zunächst einmal bin ich ganz «verrückt» nach demütigen Menschen. (Mein Sohn war ja der demütigste Mensch, der jemals gelebt hat.) Ein weiterer Vorteil: Wenn du demütig bist, werde ich dich zu meiner Zeit und auf meine Art erhöhen. Vertraue mir. In solchen Dingen bin ich sehr eigen!
Der Lohn der Demütigen,
>Gott

ıııl Brunnen Verlag 11:55 100%

Ich halte dich jung

Die Schwachen macht er stark … Alle, die ihre Hoffnung auf den Herrn setzen, bekommen neue Kraft. Sie sind wie Adler, denen mächtige Schwingen wachsen. Sie gehen und werden nicht müde, sie laufen und sind nicht erschöpft.

Jesaja 40,29+31

Hallo, meine Liebe!
>Die Welt, in der du lebst, ist besessen davon, jung und dynamisch und attraktiv zu bleiben. Jeden Tag siehst du Leute, die Unmengen von Zeit, Energie und Geld für alle möglichen Methoden aufwenden, die ihnen versprechen, sie jung zu halten. Einigen von ihnen ist das Kunststück gelungen, von außen jung auszusehen, aber innen drin hat ihr Geist seine Jugendlichkeit längst verloren. :-(
Wenn man versucht, sich ein jugendliches Äußeres zu bewahren, so ist das keine Sünde. Aber wenn man dem Körper einen höheren Wert beimisst als dem Geist, dann ist das ein Weg in die falsche Richtung. Ich bin der Gott, der ewig lebt. Wenn du mich suchst, dann werde ich dafür sorgen, dass dein Geist lebendig und putzmunter bleibt, selbst wenn dein Körper zu altern beginnt. Lass mich dich jung erhalten. Ich kann das!
Der Immerwährende,
>Gott

Brunnen Verlag 11:55 100%

Lektionen des Friedens

Jesus antwortete: «Warum habt ihr Angst? Habt doch mehr Vertrauen zu mir!» Dann stand er auf und bedrohte den Wind und die Wellen. Sofort legte sich der Sturm, und der See lag still da.

Matthäus 8,26

Friede sei mit dir!
>Ich lehre dich Lektionen des Friedens auf ganz unterschiedliche Weise, je nachdem, was du gerade brauchst. Manchmal, wenn du schon in Panik geraten bist, trete ich hinzu und beruhige den Sturm der Angst, so wie ich es für die Jünger getan habe. Aber zu anderen Zeiten benutze ich den Sturm selbst, um deinen Glauben wachsen zu lassen. Ich lasse den Wind rasen und den Regen fallen, und wenn du mich rufst, dann beruhige ich dein Herz und nicht den Sturm. Ich lehre dich, weder dem Wetter noch dem Boot oder dem äußeren Anschein zu trauen, sondern allein meinem Sohn, der dein Friede ist.
Halte deine Augen auf mich gerichtet, bei allem, was heute das Wasser und den Wind deines Lebens bewegen will. Egal, ob es große Probleme sind oder nur eine kleine Sache. Ich werde mit beidem fertig. Mit Stürmen habe ich große Erfahrung!
Der Herr der Elemente, :-)
>Gott

Triff dieselbe Entscheidung

Schadrach, Meschach und Abed-Nego jedoch entgegneten: «Wir werden gar nicht erst versuchen, uns vor dir zu verteidigen. Unser Gott, dem wir dienen, kann uns … retten. Aber auch wenn er es nicht tut …»

Daniel 3,16–18

Meine liebe Tochter,
>die Geschichte von Schadrach und seinen beiden Freunden hat einen aktuellen Bezug. Genau in diesem Augenblick werden viele Menschen in verschiedenen Teilen der Welt wegen ihres Glaubens an mich verfolgt. Sogar in deinem Land hast du vielleicht schon Vorurteile und Widerstand gegen deine Glaubens-Überzeugungen erfahren. Vielleicht fühltest du dich selbst sogar unter Druck, sie zu leugnen.
Ich ermutige dich, die Einstellung dieser drei jungen Männer zu betrachten. Sie waren mir treu ergeben. Sie glaubten fest daran, dass ich sie aus dem Feuer retten könnte. Aber sie mussten sich entscheiden, bedingungslos standhaft zu bleiben – mir treu zu bleiben, ob ich sie nun retten würde oder nicht. Triff dieselbe Entscheidung in deinem Leben, und du wirst meinen Frieden mitten im größten Getümmel kennen lernen. :-)
Der zu allem fähig ist,
>Gott

Brunnen Verlag 11:55 100%

Eine neue Garderobe

So zieht nun an als die Auserwählten Gottes ... herzliches Erbarmen, Freundlichkeit, Demut, Sanftmut, Geduld; und ertrage einer den andern und vergebt euch untereinander ... Über alles aber zieht an die Liebe.

(Luther 1999) Kolosser 3,12–13

Hallo, meine Liebe!
>Stell dir vor, ich würde dir unbegrenzte Mittel zur Verfügung stellen und dich in ein Geschäft schicken, um dir die perfekte Garderobe zu kaufen. Würde dir dieser Auftrag nicht gefallen? Nun, nach der perfekten geistlichen Garderobe brauchst du allerdings nicht zu suchen. Das habe ich schon getan.

Die geistlichen Kleider, die ich ausgesucht habe, werden dir perfekt passen, weil du für sie geschaffen wurdest. Kleide dein Herz in das Mitgefühl von Jesus und in seine Freundlichkeit. Kleide deinen Geist in seine Demut und stille Kraft. Kleide deinen Willen in seine Disziplin und deine Gedanken in seine Zufriedenheit. Aber das schönste Kleid deiner geistlichen Garderobe wird über allem getragen. Es ist der Allwettermantel der Liebe; einer Liebe, die eine Vielzahl von Fehlern zudeckt. :-)

Dein Garderobier, ;-)
>Gott

Sie sind alle um dich herum

Der Geist des Herrn ruht auf mir, weil er mich berufen hat … den Armen die frohe Botschaft zu bringen und die Verzweifelten zu trösten. Ich rufe Freiheit aus für die Gefangenen, ihre Fesseln werden nun gelöst und die Kerkertüren geöffnet.

Jesaja 61,1

Ich grüße dich!
>Ich habe dich ausgerüstet, damit du die Gute Nachricht in eine bedürftige Welt bringst – dass du gebrochene Herzen verbindest und Gefängnistüren aufschließt. Bedürftige gibt es überall um dich herum. Deine Kollegin am Nebentisch braucht vielleicht ganz dringend eine Freundin. Lade sie zu einer Tasse Tee ein. Die Frau, die dich frisiert, macht vielleicht gerade eine schlimme Scheidung durch. Besuche sie doch einmal zwischen ihren Terminen. Lade sie doch mal zum Essen oder zum Gottesdienst ein. Die Witwe aus der Erdgeschosswohnung erholt sich vielleicht gerade von einer Operation und kann nicht Auto fahren. Bring sie zum Lebensmittelgeschäft oder biete ihr an, für sie einzukaufen. Auf ganz einfache Weise kannst du anfangen, meine Welt für mich zu erobern und die Menschen dort zu lieben, wo du gerade bist. Die Wirkung wird nicht ausbleiben. :-)
Der Herr, der dich ausrüstet,
>Gott

Das weise Herz hört zu

Ein verständiger Mensch läßt sich belehren, aber wer sich nichts sagen läßt und nur Unsinn redet, richtet sich selbst zugrunde.

Sprüche 10,8

Hast du etwas Zeit für mich?
>Es ist nicht schwer, zu jedem Thema seine eigene Meinung zu sagen. Es kann Spaß machen, seinen Senf überall dazuzugeben. Aber schweigen und zuhören, das ist schwierig. Hast du dich schon einmal mit jemandem unterhalten und konntest es kaum abwarten, bis er zu Ende geredet hatte, so dass du endlich auch mal zu Wort kamst?
Ich möchte nicht, dass du dich mit mir so unterhältst. Wenn wir Zeit zusammen verbringen, dann höre ich gern deine Gebete – aber auch ich habe Dinge, die ich dir sagen möchte. Ich möchte dich ermutigen, dich leiten und dir Anweisungen für dein Leben geben. Aber wie kannst du mich hören, wenn du so sehr damit beschäftigt bist, deine eigenen Ideen zu formulieren, so dass du niemals stillsitzen kannst, um meinen Ideen zuzuhören? Ich ermutige dich zu einem weisen und aufmerksamen Herzen.
Ich bin es, der spricht, :-)
>Gott

Deinen Garten jäten

Hört auf, euch gegenseitig zu belügen. Ihr habt doch euer früheres Leben mit allem, was dazugehörte, wie alte Kleider abgelegt.

Kolosser 3,9

Sei gegrüßt!
>Während du in der Beziehung zu mir wächst, wirst du sicherlich feststellen, dass ich nach und nach den Garten deines Herzens jäte. Eines der ersten Unkräuter, die ich ausreißen will, ist das Unkraut der Lüge. Du hältst dich vielleicht für eine außergewöhnlich ehrliche Person. Aber Lügen, wie viele andere Arten von Sünde, sind manchmal nur schwer zu erkennen. :-o
Gewisse Lügen schleichen sich in dein Verhalten ein, und zwar verkleidet als andere Dinge. Vielleicht maskieren sie sich als Schmeichelei (um andere zu manipulieren). Vielleicht auch als Notlügen, um die Gefühle eines anderen nicht zu verletzen. Sie können sich auch in deine Gespräche einschleichen, in Form von Entschuldigungen, damit du etwas nicht tun musst, das du nicht tun willst. Schau hinter die Verkleidungen deiner Lügen und sieh sie als das, was sie sind: Sünden. In deinem neuen Leben ist kein Platz für Lügen.
Der Herr der Wahrheit,
>Gott

Dafür wurdest du gemacht

«Steht auf, preist den Herrn, euren Gott, bis in alle Ewigkeit! Rühmt seinen herrlichen Namen, denn unser Gott ist groß und mächtig; selbst mit unseren Lobliedern können wir ihn nicht beschreiben!»

Nehemia 9,5

Schalom, geliebte Tochter!
>Wie lange ist es her, dass du aufgesprungen bist und mich mit Leib und Seele gepriesen hast? Ich sehe bei den Menschen auf der Erde weit größere Begeisterung und Enthusiasmus, wenn es um Fußballspiele oder politische Versammlungen oder Aktiengewinne geht, als bei vielen meiner Kinder, wenn sie mich anbeten. Sieh dir zum Beispiel diese Sportfans einmal an. Sie werden ganz wild, klatschen und jubeln. Da gibt es keinen Zweifel, was sie fühlen. Und das ist ja ganz okay.
Aber ist es in einer Welt, wo viele meinen Namen als Fluch benutzen, nicht auch an der Zeit, dass du aufstehst und diesen Namen mit Begeisterung und Freude ausrufst? Wann und wo immer du mich anbetest, lege bitte dein ganzes Herz hinein. Du wurdest dazu geschaffen, mich so anzubeten. Ich mag das. :-)
Der, der es wert ist,
>Gott

Brunnen Verlag 11:55 100%

Lass dich von meiner Liebe heilen

Nehmt vielmehr in gegenseitiger Liebe Rücksicht aufeinander. Denn das ganze Gesetz hat nur erfüllt, wer dieses eine Gebot befolgt: «Liebe deinen Mitmenschen wie dich selbst!»

Galater 5,13–14

Sei lieb gegrüßt!
>Es ist gut, andere so zu lieben wie dich selbst. Aber was machst du, wenn du dich selbst nicht liebst? Was ist, wenn du immer selbstkritisch und grüblerisch bist und dich nur auf deine Schwächen konzentrierst und niemals auf deine guten Seiten? In diesem Fall wäre es wohl keine gute Idee, diese Art von kritischer, an Bedingungen geknüpfte Liebe auf andere zu übertragen. Oder siehst du das anders? :-(
Hier ist mein Vorschlag: Lass das Bild, das du von dir selbst hast, von meiner Liebe heilen. Lass mich dir zeigen, was ich in dir sehe: all deine Stärken und deine Gaben und dein ungeheures Potential. Und dann, wenn du irgendwann damit beginnst, dich mit einer gesunden Eigenliebe zu lieben, dann bist du auch allmählich bereit, andere so zu lieben, wie ich es dir aufgetragen habe.
Der, der die Liebe erfunden hat,
>Gott

Brunnen Verlag 11:55 100%

Lass deine Wurzeln wachsen

Statt der Trauergewänder gebe ich ihnen duftendes Öl, das sie erfreut. Ihre Mutlosigkeit will ich in Jubel verwandeln, der sie schmückt wie ein Festkleid. Wer sie dann sieht, vergleicht sie mit Bäumen, die der Herr gepflanzt hat.

Jesaja 61,3

Hallo, ich bin's!
>Tiere haben gelernt, dass sie in Trockenzeiten an der Erdoberfläche keine Feuchtigkeit finden. Und darum graben sie, um unter der Oberfläche auf Wasser zu stoßen, mit dem sie ihren Durst stillen können. Durstige Bäume lassen ihre Wurzeln auch ganz tief in die Erde wachsen, um unterirdische Wasservorräte zu erreichen.
In deinen Sorgenzeiten solltest auch du deine Wurzeln tief in meine Liebe zu dir wachsen lassen. Lass mein lebendiges Wasser deinen durstigen Geist erfrischen. :-) Auch wenn du jetzt nur die verkohlten Reste deines Lebens sehen kannst – vertraue mir. Ich bin dabei, dich zu erneuern. Du kannst diese Asche gegen duftendes Öl eintauschen, deine Mutlosigkeit gegen meinen Jubel und deine traurigen Gedanken gegen mein Loblied. Grabe tief, und deine Heilung wird vorankommen.
Der Herr des Erdreichs,
>Gott

Herr, du machst die Finsternis um mich hell, du gibst mir strahlendes Licht. Mit dir kann ich die Feinde angreifen; mit dir, mein Gott, kann ich über Mauern springen.

Psalm 18,29–30

Ich grüße dich!
>Schau dir einmal die Helden der Bibel an. David, Esther, Josua, Mose, Maria – sie waren nicht gerade körperliche oder geistliche Riesen. Sie waren ziemlich einfache Männer und Frauen, die bereit waren, im Glauben zu beten und mutig zu handeln. Sie waren ganz normale Leute, die einem außergewöhnlichen Gott vertrauten, und durch sie sind dadurch große Dinge geschehen.
Wie steht es mit dir? Worum bitte ich dich heute? Ob du hungernde Menschen ernähren oder eine Rede halten oder ein unruhiges Kind in den Schlaf wiegen sollst – ich gebe dir die Kraft, die du brauchst, um deine Aufgabe zu erledigen. Es gibt keine größere Freude für mich, als meine Kraft in deine Schwäche zu gießen und zuzusehen, wie große Dinge geschehen. :-)
Die größte Kraft überhaupt,
>Gott

Ein neuer Tag (mit Humor!)

Aber Jesus faßte es bei der Hand und rief: «Kind, steh auf!» Da wurde das Mädchen wieder lebendig, stand auf, und Jesus ließ ihm etwas zu essen bringen.

Lukas 8,54–55

Bist du fit heute?
>Manchmal sind es nicht die großen, heldenhaften Herausforderungen, die einem am schwersten fallen, sondern die kleinen, gewöhnlichen Dinge des Lebens: den Wecker auszuschalten, die Füße aus dem Bett zu bekommen, heiße Schokolade zu kochen, das Baby zu wickeln, die Fahrgemeinschaft zu fahren und dem Tag ins Auge zu blicken.
Wenn du heute das Gefühl hast, du wärest in einer endlosen Tretmühle von Aktivitäten, dann möchte ich dich mitten in deinem Alltag für meine Gegenwart wach machen. In all diesen potentiell langweiligen Situationen sagt Jesus: «Steh auf, mein Kind, es ist ein neuer Tag!» Wenn seine Liebe kraftvoll genug war, um ein totes Mädchen aufzuwecken, dann ist sie ganz bestimmt auch kraftvoll genug, um dir zu helfen, mit Hoffnung und Humor durch diesen Tag zu kommen. ;-)
Der Vater auch des Gewöhnlichen,
>Gott

Brunnen Verlag 11:55 100%

Warum machst du dir Sorgen?

«Hört also auf, voller Sorgen zu denken: ‹Werden wir genug zu essen haben? … Was sollen wir anziehen?› … Euer Vater im Himmel weiß ganz genau, dass ihr das alles braucht. Gebt nur Gott und seiner Sache den ersten Platz in eurem Leben …»

Matthäus 6,31–33

Ich grüße dich, meine Tochter!
>Warum fällt es dir so schwer, mir zu vertrauen? Warum machst du dir Sorgen über Mahlzeiten und Kalorien und darüber, was die Waage wohl sagt, wenn du dich darauf stellst? Warum machst du dich verrückt wegen neuer Moden und Trends und der richtigen Zusammenstellung deiner Garderobe?
Das Leben ist so viel mehr als Essen. Dein Körper ist so viel mehr als die Kleider, die du anziehst. Sieh dir die Vögel an. Sie haben noch nie eine Einkaufsliste geschrieben oder Kalorien gezählt, und doch haben sie genug zu essen. Sieh die Feldblumen an. Meinst du, sie machen sich Gedanken darüber, was gerade modern ist oder welche Farben zusammenpassen? Sicher ist es schön, wenn du dich hübsch anziehst. Aber wenn ich mich um Vögel und Blumen kümmere, kannst du dann nicht glauben, dass ich mich auch um dich kümmere? Setze mich an die erste Stelle, und ich werde es tun. Du wirst sehen! :-)
Der, der dich liebt,
>Gott

Brunnen Verlag 11:55 100%

Nach Hause telefonieren

Begreift doch: Wer Gott die Treue hält, steht unter seinem besonderen Schutz. Er hört mich, wenn ich zu ihm rufe.

Psalm 4,4

Hallo, meine Liebe!
>Wie oft telefonierst du geschäftlich und wirst in die Warteschleife gelegt, wo dir Konservenmusik in die Ohren plärrt? Wie oft piept dir das Signal für einen weiteren Anruf in dein Gespräch mit einer Freundin, und wie oft lässt sie dich kurz warten, während sie das andere Gespräch annimmt?
Wenn du mich anrufst, brauchst du dir über solche Dinge keine Gedanken machen. Ich lege dich niemals in die Warteschleife; bei mir muss noch nicht einmal jemand warten, bis ich rangehe. Ich bin sogar so begierig darauf, mit dir zu sprechen, dass ich dir deine eigene persönliche 0800-Nummer gegeben habe, damit du mich Tag und Nacht jederzeit gebührenfrei erreichen kannst. :-) Es gibt also keine Entschuldigung, wenn du nicht zu Hause anrufst!
Der, der sich über Anrufe freut,
>Gott

Eine geistliche Erneuerung

Sie werden alles wiederherstellen, was vor vielen Jahren zerstört wurde und seither in Trümmern liegt. Die zerfallenen Städte, die seit Generationen Ruinen sind, bauen sie wieder auf.

Jesaja 61,4

Ich hab da wieder einen Gedanken für dich!
>In deinem Land gibt es inzwischen viele Orte, wo der Glaube deiner Väter in Vergessenheit gerät. Das geistliche Feuer, das früher hell loderte, ist beinahe erloschen. :-(
Ich rufe mein Volk dazu auf, in deinem Land eine Erneuerung des Glaubens zu starten. Ich rufe dich, eine dieser erneuerten Frauen zu sein – dass du für die Wahrheit eintrittst und für die Gerechtigkeit betest. Ich rufe dich dazu auf, «die Ruinen» wieder aufzubauen, indem du das Feuer des Glaubens in deiner eigenen Familie, deiner Gemeinde und deiner Stadt neu anfachst. Wenn du mit anderen erneuerten Christen zusammenarbeitest, werdet ihr sehen, wie die Trümmer wieder aufgebaut werden und die geistliche Verwüstung sich in eine Erweckung wandelt. Vertraue auf mich bei dieser Erneuerung des Glaubens in deinem Land.
Der Herr des Wiederaufbaus,
>Gott

Der zutreffendste Gedanke

Denn das ist mir klargeworden: Gegenüber dem unvergleichlichen Gewinn, daß Jesus Christus mein Herr ist, hat alles andere seinen Wert verloren. Ja, alles andere ist für mich nur noch Dreck, wenn ich bloß Christus habe. Zu ihm will ich gehören.

Philipper 3,8

Meine geliebte Tochter!
>Alles in deinem Leben (deine Familie, deine Beziehungen, deine Karriere, dein geistliches Wirken) ist ein Geschenk von mir. Da du deine Zeit und dein Herz in diese Dinge investierst, bekommst du natürlich auch eine Menge davon zurück. Aber du sollst nicht glauben, dass diese Dinge dich definieren. Egal, wie wichtig sie dir erscheinen, es sind einfach nur Dinge, die du tust und pflegst, aber sie sagen im Grunde genommen noch nichts darüber aus, wer du bist.
Ich möchte die Leidenschaft sein, die dein Leben bestimmt. Du sollst wissen, wer du in mir bist – ein über alles geliebtes Gotteskind. Du bist immer angenommen, immer beschützt, immer sicher in mir. Wenn dich also jemand fragt: «Was machst du?», dann denke nicht: «Ich bin Mutter.» Oder: «Ich bin Computerfachfrau.» Denke: «Ich bin ein Kind Gottes.» Das ist der zutreffendste Gedanke. :-)
Die Quelle deiner Identität,
>Gott

Hol dein Erbe ab

Ihr sollt erfahren, wie unermeßlich groß die Kraft ist, mit der Gott in uns, den Glaubenden, wirkt. Ist es doch dieselbe Kraft, mit der er Christus von den Toten auferweckte und ihm den Ehrenplatz zu seiner Rechten gab!

Epheser 1,19–20

Sei gegrüßt!
>Stell dir vor, du würdest einen Anruf von einem Rechtsanwalt aus deinem Wohnort erhalten, der dich zu sich bestellt, damit du eine Million Euro von einem reichen Verwandten abholst. Die Erbschaft warte auf dich, sagt er. Wie lange würde es dauern, bis du bei ihm in der Kanzlei wärst? ;-)
Nun, du hast ein geistliches Erbe, das weit mehr wert ist als eine Million. Es ist meine überwältigende Kraft. :-o Meine Kraft kann dich heilen, wenn du verletzt bist, sie kann dich führen, wenn du dich verlaufen hast, und sie kann dich durch dieses anstrengende Abenteuer namens Leben leiten. Und genau dieselbe Kraft war es, die meinen Sohn aus dem Grab geholt hat – so stark ist sie! Und doch läufst du manchmal trübsinnig herum, wie eine geistliche Bettlerin ohne Ziel. Komm zu mir, und hole dein Erbe ab.
Dein reicher Verwandter,
>Gott

Für mich gibt es keinen Ersatz

Dort erschien ihm der Engel des Herrn in einer Flamme, die aus einem Dornbusch schlug. Als Mose genauer hinsah, bemerkte er, daß der Busch zwar in Flammen stand, aber nicht niederbrannte.

2. Mose 3,2

Mein Friede sei mit dir!
>Jemand hat einmal gesagt, dass die Sünde einen zuerst fasziniert und dann umbringt. :-o Die Sünde zieht den Unvorsichtigen in ihre Wärme und in ihr schönes Farbenspiel, wie ein Lagerfeuer an einem Winterabend. Ein Lagerfeuer ist wunderschön, aber wenn man es nicht gut bewacht, dann kann es ein Großfeuer auslösen und die verletzen, die sich an ihm wärmen wollten. Die Sünde ist ein alles versengendes Feuer, eine brennende Urgewalt. :-(
Ich bin der Gott, der in deinem Herzen ein Feuer anzünden kann, das dir Wärme und Licht bringt, ohne dich zu verbrennen. Wenn das Leben kalt und einsam ist, dann such die Sicherheit meiner Wärme und nicht das verlockende, zerstörerische Feuer der Sünde.
Deine Wärme, dein Licht, dein Sinn,
>Gott

Brunnen Verlag 11:55 100%

Du bist ein Kind des Lichts

Als Christen sind wir Kinder des Lichts, Kinder des hellen Tages; wir gehören nicht zur Nacht mit ihrer Finsternis. Also schlaft nicht wie die anderen! Bleibt wach und nüchtern!

1. Thessalonicher 5,5–6

Hallo, mein Liebes!

>Ich bin ganz Licht – ohne Dunkelheit, ohne Finsternis, ohne schwarze Schatten. Und da ich mein Leben in dir lebe, bist du ein Kind des Lichts. Sollst du dann deine Welt als Platz im Schatten sehen? Sollst du deine Arbeit als Schinderei, dein Leben als düster, deine Probleme als unlösbar betrachten? Sollst du aus Angst und Hoffnungslosigkeit heraus handeln? Soll Niedergeschlagenheit dein Motto sein? Natürlich nicht!

Das Kind des Lichts hat von mir meinen Charakter, mein Wesen, meine Sicht von der Welt geerbt. Es betrachtet seine Arbeit als aufregende Herausforderung, sein Leben als Abenteuer, seine Probleme als glaubensfördernd. Es handelt nicht aus Angst heraus und auch nicht aus Hoffnungslosigkeit, sondern aus Zuversicht. In jeder Situation möchte ich, dass du das Licht wählst, mein Kind.

Der Vater des Lichts, :-)

>Gott

Dein Geist gleicht dem Computer

Bemühe dich um das wirklich Wichtige: Weisheit, Selbstbeherrschung und Einsicht. Sie sind schwer zu erwerben, gib sie daher nie wieder auf!

Sprüche 23,23

Meine liebe Tochter!
>Dein Geist gleicht in vielem einem Computer. Er glaubt die Daten, mit denen du ihn fütterst. Wenn du ihm Wahrheit eingibst, dann glaubt er das. Wenn du ihm Lügen eingibst, dann glaubt er diese ebenfalls. Und er glaubt nicht nur, sondern er bindet diese Information in jedes laufende Programm ein, damit die Information ein Teil dessen wird, wie du handelst und entscheidest. :-o
Darum ist es so wichtig, dass du dich dafür entscheidest, deinen Geist jeden Tag mit der Wahrheit meines Evangeliums zu füttern. Füttere ihn mit den Daten, dass ich dein Vater bin, der dich liebt und für dich sorgt, dass Jesus dich niemals verlässt oder enttäuscht, dass der Heilige Geist in dir lebt und dich leitet. Dazu einige Tipps: Merke dir Bibelverse. Höre christliche Musik und Predigten. Mache dir während der Predigt Notizen. Und dann beobachte, wie diese Gedanken anfangen, dein Leben zu verändern. :-)
Die Wahrheit, die den Unterschied ausmacht,
>Gott

Ändere deine Blickrichtung

Herr, ich richte meine Augen auf dich, der du im Himmel wohnst. Wie ein Knecht auf ein Handzeichen seines Herrn wartet … so blicken wir auf den Herrn, unseren Gott.

Psalm 123,1–2

Ich grüße dich!
>Wenn du eine schwierige Aufgabe vor dir hast, senkst du dann den Kopf wie ein Stier und gehst darauf los? Beißt du die Zähne zusammen und vertiefst dich in die Einzelheiten deiner Aufgabe? :-(
Ich möchte dir einen Rat geben. Senke deinen Kopf nicht; erhebe stattdessen deine Augen. Schau auf mich. Übergib mir deine Aufgabe, ob es nun ein Sitzungsprotokoll ist oder die Notwendigkeit, ein Kind zu führen und zu erziehen. Schau auf und bitte mich, dir meine Perspektive und meine Sicht auf dein Vorhaben zu zeigen. Bitte mich um Führung und um meinen Spielplan. Stelle sicher, dass das, was du tust, nicht in Konflikt gerät mit meinem Wort und meinem Willen. Und dann lege dir deinen Plan zurecht und mache dich an die Arbeit. Auf diese Art wird unsere Zusammenarbeit sehr fruchtbar sein!
Der, auf den du immer sehen darfst,
>Gott

Die Kraft eines lieben Blicks

Wenn sich aber einer von euch etwas zuschulden kommen läßt und sündigt, dann sollt ihr ihn als Menschen, die Gottes Geist leitet, verständnisvoll wieder zurechtbringen. Seht aber zu, daß ihr dabei nicht in dieselbe Gefahr geratet.

Galater 6,1

Friede sei mit dir!
>Einmal trat Jesus auf eine aufgebrachte Menschenmenge zu. Die Leute wollten gerade eine Frau steinigen, die beim Ehebruch erwischt worden war. Er schickte die wütende Menge fort mit den Worten: «Derjenige, der noch nie gesündigt hat, soll den ersten Stein werfen.» Einer nach dem anderen schlich sich davon. Als Jesus mit der Frau allein war, brüllte er sie nicht an oder zitierte enerviert die Zehn Gebote. Mit einem liebevollen Blick wandte er sich stattdessen zu ihr und sagte freundlich: «Ich verurteile dich nicht. Jetzt geh und sündige nicht mehr.»
Meine Tochter, wenn du jemanden berätst, der gesündigt hat, dann achte darauf, dass du ihm gegenüber freundlich bist und sie oder ihn nicht verurteilst, so wie es Jesus auch nicht getan hat. Denk daran, beim nächsten Mal könntest *du* die Sünderin sein. Jeder Mensch ist verführbar, auch du.
Der Herr der Barmherzigkeit, :-)
>Gott

Brunnen Verlag 11:55 100%

Bitte, suche, klopfe an

Bittet Gott, und er wird euch geben! Sucht, und ihr werdet finden! Klopft an, dann wird euch die Tür geöffnet! Denn wer bittet, der wird bekommen. Wer sucht, der findet. Und wer anklopft, dem wird geöffnet.

Matthäus 7,7–8

Hallo, meine Liebe!
>Wenn dir eine quälende Frage auf der Seele brennen würde, würdest du dann einfach dasitzen und gar nicht versuchen, eine Antwort darauf zu finden? Wenn es eine entscheidende Zutat für dein Glück gäbe, die in einem bestimmten Buch versteckt wäre, würdest du es im Regal stehen lassen und es niemals lesen? Wenn du wüsstest, dass das bedeutsamste Geschenk, das du jemals bekommen könntest, auf der anderen Seite einer verschlossenen Tür läge, würdest du nur die Tür anstarren und nicht anklopfen? :-o
Nein, ich bin mir ziemlich sicher, dass du fragen, das Buch lesen und an die Tür klopfen würdest.
Komm heute zu mir. Frage, was du fragen willst. Suche nach dem, was du unbedingt wissen willst. Klopfe an, und du erhältst Zutritt zu meiner Gegenwart. Ich warte darauf, dir dort zu begegnen, wo du es nötig hast.
Ich habe immer eine Antwort, :-)
>Gott

Sei keine Einzelkämpferin

Viele sogenannte Freunde schaden dir nur, aber ein wirklicher Freund steht mehr zu dir als ein Bruder.

Sprüche 18,24

Ich hoffe, es geht dir gut!
>Von der Pionierin, die ein einsames Leben ertrug, bis hin zur weiblichen Führungskraft in einem großen Unternehmen, die sich ihren Weg hinauf durch die Reihen einer von Männern dominierten Welt erkämpft hat, werden selbständige Frauen oft als Heldinnen betrachtet. Das darf man so sehen. Aber ich habe dich nicht dazu geschaffen, als Einzelkämpferin zu existieren. Ich habe dich geschaffen, dass du andere Menschen liebst und brauchst und ihre Gesellschaft genießt. Es gibt einen Ort in dir, der so lange leer und unvollständig bleibt, bis du die Gemeinschaft von Freunden und Freundinnen kennen gelernt hast.
Die beste Quelle für wahre Freundschaften sollten andere Christen sein, die Familie meines Sohnes. Und der beste Freund, den du jemals haben wirst, ist Jesus selbst. :-) Also, mach nicht alles allein. Strecke die Hände nach anderen aus, wenn du einsam bist. Und ergreife die Hand der Freundschaft, wenn sie dir angeboten wird.
Dein Freund und Vater,
>Gott

Brunnen Verlag 11:55 100%

Sorge dich nicht: Bete!

Seid zu jeder Zeit fröhlich!
Hört niemals auf zu beten. Vergeßt auch nicht, Gott für alles zu danken. Denn das erwartet Gott von seinen Kindern.

1. Thessalonicher 5,16–18

Hallo, Liebes!
>Wenn ich von dir verlangen würde, dass du immer nur glücklich bist und nicht aufhörst zu beten, klingt das nicht ein wenig übertrieben? Müsste man sich nicht einer Gesichts-Operation unterziehen, bevor man tagtäglich 24 Stunden lang mit einem breiten Lächeln und einem Gebets-Powerplay auf den Lippen herumlaufen könnte?
Ich weiß, dass es in deinem Leben glückliche und traurige Zeiten gibt. Aber es gibt tatsächlich einen Weg, sogar mitten in der Traurigkeit das Glück zu finden. Es kommt aus dem Vertrauen heraus, dass ein liebender Gott alles unter Kontrolle hat. :-)
Und wie ist es mit pausenlosem Beten? Nun, ich rede nicht vom lauten Beten. Stilles Beten kann genauso beständig und natürlich sein wie Atmen. Bete still für die Menschen und Ereignisse um dich herum. Bete still für die Bedürfnisse, die mein Geist dir ins Herz legt.
Der, der deine Gebete liebt,
>Gott

Ein tiefer Friedensbrunnen

Unser Herr, von dem aller Friede kommt, schenke euch seinen Frieden immer und überall. Er sei mit euch allen!

2. Thessalonicher 3,16

Ein kleiner Gedanke für dich:
>Ist dir schon einmal jemand begegnet, der einfach einen Raum betreten konnte und augenblicklich eine Atmosphäre des Friedens und der Wohltat verbreitete? Sogar mitten in persönlichen Konflikten und Verwirrung schien dieser Mensch eine innere Quelle bei sich zu tragen, die sich auf alle positiv auswirkte.
Ich möchte, dass du so eine Person bist, in allen Situationen und Beziehungen deines Lebens. Wie das möglich ist? :-o Bitte ich dich um eine Persönlichkeits-Transplantation? In gewisser Weise ja. Ich bitte dich, dass ich die Persönlichkeit von Jesus, dem Friedefürsten, in dich einsetzen darf. Ich bitte dich, dass ich in dir eine tiefe Quelle anlegen darf, aus der immens viel geistlicher Friede ausströmt, damit du in jeder Situation daraus schöpfen kannst.
Der Friedensstifter,
>Gott

Komm ganz leer zu mir

Er stürzt Herrscher von ihrem Thron, doch Unterdrückte richtet er auf. Die Hungrigen beschenkt er mit Gütern, und die Reichen schickt er mit leeren Händen weg.

Lukas 1,52–53

Ich grüße dich!
>Wenn du versuchst, Wasser in einen Eimer zu gießen, der bereits voll ist, dann hast du am Ende das ganze Wasser auf den Boden geschüttet. Es gibt so viele Segnungen, die ich in dich gießen möchte – die Freude einer vertrauten Beziehung mit mir, das Wunder wahrer Anbetung, das Abenteuer, neuen Herausforderungen mit dem Glauben zu begegnen. Ich habe dich so entworfen, dass du all meine Gaben durch meinen Heiligen Geist aufnehmen kannst. Aber es ist schwer für mich, etwas in dich zu gießen, wenn du zu mir kommst und schon voll bist mit anderen Dingen – Sorgen und Problemen, anderen Menschen, Liebhabereien, Besitztümern und Leidenschaften. :-(Lege alles zur Seite, was dich beschäftigt, mein Kind. Komm ganz leer zu mir, damit ich dich füllen kann mit meinem Geist, meinen Segnungen und meinem Leben.
Der Lebensspender,
>Gott

Genieße dein Leben!

Ich aber bringe allen, die zu mir gehören, das Leben – und dies im Überfluß. Ich bin der gute Hirte. Ein guter Hirte setzt sein Leben für die Schafe ein.

Johannes 10,10–11

Hast du etwas Zeit für mich?
>Genieße heute dein Leben – was du siehst, was du hörst, die Farben, die Menschen, das Gebet, die Arbeit, Musik und Essen. Jesus selbst lebte in vollen Zügen. Er genoss die Gemeinschaft und die Gastfreundschaft seiner Freunde. Er erfreute sich an der Schönheit meiner Schöpfung. :-) Und er fand Erfüllung in seiner Beziehung zu mir.
Jesus kam auf die Erde, damit du ein erfülltes und erfüllendes Leben haben kannst, kein zaghaftes, halbherziges; ein freudvolles Leben, kein bitteres und trostloses, das sich mit weniger zufrieden gibt, als es dir bieten könnte. Ich möchte, dass du ein barmherziges, gebefreudiges, großzügiges Leben der Liebe führst, das seine Gaben und Segnungen weitergibt; keines, das hortet und alles zurückhält.
Also nutze das Geschenk, das Jesus dir mitgebracht hat. Dies ist dein Leben. Feiere jeden Augenblick davon!
Die Erfüllung in Person,
>Gott

Verpasse nicht das Beste!

Doch Jesus antwortete ihr: «Martha, Martha, du machst dir viel Sorgen und mühst dich um Dinge, die im Grunde nicht so wichtig sind. Wichtig ist nur eins! Das hat Maria verstanden, und davon werde ich sie nicht abbringen.»

Lukas 10,41–42

Mein Friede sei mit dir!
>Jedes meiner Kinder hat Gaben mitbekommen. Marthas Gabe der Gastfreundschaft wurde von denen hochgelobt, denen sie zuteil wurde. Marias Gabe des liebevollen Zuhörens machte es zu einer Freude, sie zu kennen. Jesus schätzte beide Schwestern. Niemals sagte er zu Martha, dass ihre Gabe wertlos sei. Was er sagte, war, dass Marthas eifriges Versorgen der Gäste ihr selbst «das Beste» nahm – den ewigen Schatz, zur Ruhe zu kommen und ihren Erlöser zu hören.
Wo bist du heute? Benutzt du deine Gabe als Entschuldigung dafür, dass du zu beschäftigt bist, um meinen Sohn zu hören? :-(Jesus schätzt alles, was du zu tun hast. Er schätzt auch deine Gaben. Aber mehr als alles andere möchte er, dass du zu seinen Füßen sitzt und seinem Herzen zuhörst, ob du nun eine Maria oder eine Martha bist. Geh näher an ihn heran. Nimm dir die Zeit!
Der Schöpfer aller Gaben,
>Gott

Brunnen Verlag 11:55 100%

Gib die Dinge ins Grab

Durch die Taufe sind wir also mit Christus gestorben und begraben. Und wie Christus durch die Herrlichkeit und Macht seines Vaters von den Toten auferweckt wurde, so sollen auch wir ein neues Leben führen.

Römer 6,4

Meine geliebte Tochter!
>Wenn du zu meinem Sohn kommst, dann begrabe dein altes Leben. Wenn du es nicht sterben lässt, wie kann Jesus es dann auferwecken? Wie kann er dir eine neue Identität geben, wenn deine alte Identität immer noch lebt und atmet und Oberwasser hat? Wie kann er deine falschen Prioritäten korrigieren, wenn du sie immer noch krampfhaft festhältst?
Was du nicht ins Grab bringen willst, das ist nicht gestorben und hat immer noch einen sehr hohen Stellenwert in deinem Leben. Es wird dich zurückhalten und dir Mühe bereiten. Wenn du eine neue Schöpfung sein willst, dann musst du alles durch Gebet und Buße bei Jesus ablegen. Lass den alten Menschen mit meinem Sohn und seinem Opfer sterben. Und dann nimm das erstaunliche neue Leben an dich, das er in dich ausgießen wird. :-)
Dein Erlöser,
>Gott

Liebe die Familie deines Mannes

Sie küßte ihre Schwiegertöchter. Die beiden fingen an zu weinen und widersprachen ihr: «Nein, wir wollen mit dir zu deinem Volk gehen!»

Ruth 1,9–10

Ich grüße dich!
>Wenn du heiratest, dann wirst du Teil einer größeren Familie. Die Eltern deines Mannes werden deine Eltern. Genauso ist es, wenn deine Kinder heiraten. Ihre Partner werden deine Kinder. Ob es dir nun leicht oder schwer fällt, sie zu lieben: Deine Entscheidung, sie zu lieben, wird sich auf viele zukünftige Generationen auswirken.
Sieh dir die Kette der Ereignisse an, die ich aus Noomis liebevoller Beziehung zu ihrer moabitischen Schwiegertochter Ruth entwickelt habe. Nachdem Ruths Mann gestorben war, folgte Ruth Noomi nach Israel. Dort heiratete sie Boas und hatte einen Sohn namens Obed, der der Großvater von König David wurde. Und es war Davids Linie, aus der Jesus stammte. Noomis Entscheidung, Ruth anzunehmen und für sie zu sorgen, und Ruths Entscheidung, ihre Schwiegermutter liebevoll zu ehren, bescherte am Ende meinem Sohn eine Familie. :-) Meine Tochter, lass mich deine Liebe für die Familie deines Mannes dazu benutzen, deine Familie zu segnen.
Der Herr der Familien,
>Gott

Vertrauen in den Ruf zur Treue

Darum verläßt ein Mann seine Eltern und verbindet sich so eng mit seiner Frau, daß die beiden eins sind mit Leib und Seele.

1. Mose 2,24

Hallo, bist du fit?
>Die Gesellschaft, in der du lebst, trägt die Narben vieler zerstörter Heime und zerbrochener Beziehungen. Millionen Menschen treten durch die heilige Vordertür der Eheschließung und lassen sich im Geist eine Hintertür offen, durch die sie fliehen können, wenn die Dinge nicht so funktionieren, wie sie es sich gedacht haben. Sie haben so viele Familien auseinander fallen sehen, dass sie Angst haben, auch nur ein kleines Fünkchen Hoffnung auf das Konzept einer lebenslangen Bindung zu setzen. :,-(
Aber ich rufe dich auf, dich deinem Ehebund verpflichtet zu fühlen. Ich gebe dir die Kraft, in den schweren Zeiten treu zu bleiben. Und wenn du daran festhältst, dann wirst du die lebenslange Freude erleben, die ich für dich und deinen Ehemann vorgesehen habe. Also fürchte dich nicht, auf eine wunderbare Ehe zu hoffen. Folge vertrauensvoll meinem Ruf zur Treue und Hingabe.
Der Herr des Bundes,
>Gott

Brunnen Verlag 11:55 100%

Vergib und hoffe das Beste

Bleibt wachsam, und steht fest im Glauben! Seid nicht zaghaft, sondern entschlossen und stark! Bei all euerm Tun aber laßt euch von der Liebe leiten.

1. Korinther | 16,13–14

Sei herzlich gegrüßt!
>Liebe ist nichts für ein eiliges Herz. Sie ist nicht geeignet für die Launenhaften, für die Ausschweifenden, die Treulosen und die Sprunghaften. Liebe erfordert eine Beständigkeit, die nicht auf- oder nachgibt. Sie bedeutet, dass du mit deinem Geliebten eure beidseitigen Fehler erträgst und gleichzeitig seine und deine Gaben feierst. Sie fordert, dass du das Schlimmste vergibst und gleichzeitig das Beste hoffst. Echte Liebe schmückt die Tage mit einfachen Gesten der Freundlichkeit, mit kleinen aber durchdachten Taten, die den Geist heben und Licht in die dunklen Ecken der Seele bringen.

Fragst du dich, ob du das hast, was notwendig ist, um so lieben zu können? Ich sage es dir nicht gern, aber: Ohne mich wirst du es unmöglich schaffen. Wenn du dich allerdings an mich wendest, dann werde ich dich mit dem Geist der Liebe füllen, durch den alles möglich ist.

Ich bin die Liebe, :-)
>Gott

Ein Haus der Liebe

Wer meine Worte hört und danach handelt, der ist klug. Man kann ihn mit einem Mann vergleichen, der sein Haus auf felsigen Grund baut. Wenn … der Sturm am Haus rüttelt, wird es trotzdem nicht einstürzen, weil es auf Felsengrund gebaut ist.

Matthäus 7,24–25

Meine geliebte Tochter!
>Wie kann man den Aufbau einer Familie mit dem Hausbau vergleichen? Wenn man ein Haus baut, dann beginnt man mit einem stabilen Fundament. Als Nächstes zieht man die äußeren Schutzwände hoch. Dann kommen die Fenster hinein, damit Licht und frische Luft hineingelangen, und Türen, durch die Menschen ein- und ausgehen können. Und schließlich setzt man noch ein Dach darauf als Schutz vor Wind und Wetter.
Ich will deine Familie auf das unerschütterliche Fundament meines Sohnes Jesus Christus bauen. Er wird die Schutz- und Liebeswände hochziehen und Fenster des Lichts öffnen, die den Wind meines Geistes hereinlassen. Er ist die Tür der Gastfreundschaft und des Mitgefühls, das aus deinem Haus ein Heim macht. Und er ist das Dach, das du bei dem rauen Wetter des Lebens einfach brauchst. Du kannst eine starke und liebevolle Familie bauen, wenn du auf diesen Felsen baust.
Der mit dem tragfähigen Boden, :-)
>Gott

Die Liebe spricht sanft

Selbst wenn ich in allen Sprachen der Welt, ja mit Engelszungen reden könnte, aber ich hätte keine Liebe, so wären alle meine Worte hohl und leer, ohne jeden Klang, wie dröhnendes Eisen oder ein dumpfer Paukenschlag.

1. Korinther 13,1

Ich möchte dir etwas sagen:
>Hast du schon einmal die Stimme der Liebe gehört? Die Liebe spricht sanft, freundlich, manchmal sogar schweigend. Die Liebe beteiligt sich nicht an einem Schreiwettbewerb mit den arroganten, fordernden Stimmen einer lärmenden Welt. Sie bewegt sich still durch den Tag, erfüllt Bedürfnisse ohne großes Tamtam. Die Liebe schafft ein Klima, in dem Menschen jeden Alters gefahrlos reden können. Sie wird stiller, damit sie die Frage eines Kindes, die Geschichten eines alten Menschen, die Enttäuschung eines Teenagers, das Seufzen einer von ihrem Geliebten Enttäuschten hören kann. Die Liebe sagt auf Millionen von fürsorglichen Arten: «Du bist wichtig für mich.» Sie sagt auch ohne viel Brimborium: «Gott liebt dich, und ich liebe dich auch.» :-)
Wenn du also durch diesen geschäftigen Tag gehst, sprich in der Sprache, die jedes Herz hören kann. Sprich in Liebe.
Der mit der wärmsten aller Stimmen,
>Gott

Brunnen Verlag 11:55 100%

Ein Heim ist ein Geschenk

Seid gastfrei, und klagt nicht über die vermehrte Arbeit. Jeder soll dem anderen mit der Begabung dienen, die ihm Gott gegeben hat. Wenn ihr die vielen Gaben Gottes in dieser Weise gebraucht, verwaltet ihr sie richtig.

1. Petrus 4,9–10

Mein Friede sei mit dir!
>Wenn du vier Wände, ein Dach über dem Kopf und eine Vordertür hast, durch die Gäste hereinkommen können, dann betrachte dies nicht als selbstverständlich. In einer Welt, in der es viele Obdachlose und Hungernde gibt, ist ein Haus ein wertvoller Schatz, den man teilen soll. Es kann ein Schloss oder eine Hütte sein, ein gut geplantes Stadthaus, eine kleine Wohnung oder bloß ein Zimmer. Wie groß oder klein, elegant oder einfach dein Zuhause auch ist, wenn du es Heim nennst, dann ist es ein Geschenk. Und wenn die, die in deinen vier Wänden leben, einander und auch mich lieben, dann kann dein Heim ein winziger Außenposten des Himmels in einer gedankenlosen Welt sein. :-)
Wenn du Leute einladen willst, dann mache deine Gästeliste im Gebet. Lade nicht nur die Freunde ein, mit denen du dich wohl fühlst. Denke auch an solche, die geistliche Begleitung und Zuspruch brauchen. Und dann öffne deine Tür weit, und sieh, wie ich wirke.
Der wichtigste Gast am Tisch,
>Gott

Keine geistliche Zusatzattraktion

Selbst wenn ich all meinen Besitz an die Armen verschenken und für meinen Glauben das Leben opfern würde, hätte aber keine Liebe, dann wäre alles umsonst.

1. Korinther 13,3

Hallo, meine Tochter!
>Ich will nicht, dass du eine christliche Draufgängerin bist, die eine große Show mit heiligen Stunt-Einlagen veranstaltet. ;-) Ich erwarte auch nicht von dir, dass du eine geistliche Zusatzattraktion für diese sensationsgierige Welt auf die Beine stellst. Was ich in dir sehen möchte, ist die stille, innere Neuorientierung deines Herzens, das dich von einer Selbstsucherin zu einer Gottessucherin verwandelt; von einer Frau, die nur sich selbst liebt, zu einer Frau, die andere liebt.
Die Neuorientierung deines Herzens wird keine Schlagzeilen machen. Aber glaube mir, sie wird ein Wunder sein, das dein ganzes Leben auf den Kopf stellt. Und wenn dein Herz dann erst einmal durch die Liebe umgekrempelt worden ist, dann wirst du sehen, dass du große Dinge tust, ohne dir überhaupt darüber Gedanken zu machen, welche Aufmerksamkeit sie dir vielleicht bescheren werden.
Ich verändere die Herzen der Menschen,
>Gott

Brunnen Verlag 11:55 100%

Stück für Stück

Und kommt ihr vom richtigen Weg ab, so hört ihr hinter euch eine Stimme: «Halt, dies ist der Weg, den ihr einschlagen sollt!»

Jesaja 30,21

Ich muss einfach mit dir reden!
>Mit mir zu gehen ist eine lange Reise. Also erwarte nicht, dass wir schon am ersten Tag das Ziel erreichen. Mach es Stück für Stück. An manchen Tagen ist die Straße eben, und du kommst gut voran. An anderen Tagen ist die Straße voller Steine und Hindernisse, und das Vorankommen ist schwierig. An den harten Tagen lässt man sich sowieso leicht entmutigen. Dann ist es verlockend, resigniert umzukehren oder abzubrechen. Aber gib nicht auf. Lass dich doch von mir führen. :-)
Komm jeden Morgen zu mir, bevor du dich auf den Weg machst. Breite deine Karte aus, und wir sehen sie uns gemeinsam an. Ich werde dir helfen, deine Strecke festzulegen. Und während du gehst, bin ich direkt neben dir und sage: «Hier musst du links abbiegen.» Oder: «An der nächsten Ecke rechts.» Vertraue mir auf dieser Reise des Glaubens.
Der, der dich so gerne führt,
>Gott

Werbung für mich

Achtet darauf, daß ihr ruhig und besonnen lebt. Kümmert euch um eure eigenen Angelegenheiten, und sorgt selbst für euern Lebensunterhalt, so wie wir es euch schon immer aufgetragen haben.

1. Thessalonicher 4,11

Meine Gedanken sind bei dir!
>Unordnung und Zaudern sind miteinander verwandte «Krankheiten», die dir die Gelassenheit rauben. Die Heilung der Unordnung liegt im Aufräumen und Vereinfachen. Das Zaudern wird geheilt, indem man lernt, wie man mit Dingen umgeht, wenn sie auf einen zukommen – anstatt sie vor sich herzuschieben, bis sie zu einem unüberwindlichen Berg angewachsen sind.
Wenn du dich aufrichtest und dich um deine Angelegenheiten kümmerst, dann wirst du überrascht sein über das innere Gefühl der Ruhe und der Zuversicht, das sich einstellt. :-o Dieses Gefühl wird sich auf alle Bereiche deines Lebens ausweiten. Du ehrst mich, wenn du ein friedliches, geordnetes Dasein schaffst. Denn dieser Friede ist Werbung für mich in deinem Leben. Er zieht andere an. Dann kannst du sie zu mir führen, und es wird so viel mehr friedvolle Herzen in dieser verwirrten Welt geben.
Ich schaffe Ordnung aus dem Chaos,
>Gott

Brunnen Verlag 11:55 100%

Friede im Unberechenbaren

Meine Lieben! Wenn wir schon jetzt Kinder Gottes sind, was werden wir erst sein, wenn Christus wiederkommt! Dann werden wir ihm ähnlich sein und ihn sehen, wie er wirklich ist.

1. Johannes 3,2

Hallo, du hast wieder Post!
>In deiner Welt gibt es Menschen, die davon leben, dass sie zukünftige Ereignisse und deren Folgen vorhersagen. Der Wetterbericht kommt zum Beispiel mehrmals am Tag im Fernsehen, um den Zuschauern mitzuteilen, ob sie einen Pullover oder einen Schirm brauchen. Sportreporter sagen bei allen möglichen Sportarten Gewinner voraus, vom Fußball bis hin zu Pferderennen. Börsenfachleute sagen Markttrends voraus für hoffnungsvolle Investoren. Jeder scheint im Voraus wissen zu wollen, was geschieht, bevor es geschieht.
Aber die einzige Gewissheit in der Welt ist die Ungewissheit. Und den einzigen Frieden mitten in dieser Ungewissheit bekommst du, wenn du dein Vertrauen in mich setzt. :-) Wenn du dich dafür entscheidest, dich selbst aufzugeben und dich mitten in der Ungewissheit des Lebens meiner Fürsorge anzuvertrauen, heißt das, dass du das Leben als eine Reise des Glaubens annimmst und jeden Tag als Abenteuer spontaner Freude erlebst. :-) Vertraue mir, mein Kind.
Der, der gewiss kommen wird,
>Gott

Brunnen Verlag 11:55 100%

Erwarte Vollkommenheit

Denn unsere Erkenntnis ist bruchstückhaft, ebenso wie unser prophetisches Reden. Wenn aber das Vollkommene – Gottes Reich – da ist, wird alles Vorläufige vergangen sein.

1. Korinther 13,9–10

Ich grüße dich!
>Auch wenn du weißt, dass du in einer unvollkommenen Welt voller unvollkommener Menschen lebst, scheinst du doch diese Sehnsucht nach einem vollkommenen Leben nicht zum Abklingen bringen zu können. Weil *ich* diese Sehnsucht in dich eingepflanzt habe. :-o Du weißt ja, ursprünglich warst du als vollkommener Mensch geplant. Der Schmerz in deinem tiefsten Inneren ist eine unbewusste Erinnerung an einen Ort namens Eden, in dem die Liebe und das Leben für einen kleinen Augenblick vollkommen waren.
Eden ist jetzt vergangen, aber mach dir keine Sorgen. Während du durch diese unvollkommene Welt gehst, bewegst du dich beständig auf die vollkommene Liebe und ein vollkommenes Leben zu, wo jede Träne getrocknet wird und die Sehnsucht in deinem Herzen ihre Erfüllung findet. Also, vergib dir und anderen, wenn die Liebe zu kurz kommt. Und sei zufrieden mit der Hoffnung auf den Himmel. Glaub mir, der wird vollkommen sein! :-)
Der Schöpfer Edens,
>Gott

Brunnen Verlag 11:55 100%

Deine Liebe – ein Strom

Diese Liebe erträgt alles, glaubt alles, sie hofft alles und hält allem stand ... Nur eins wird bleiben: die Liebe.

1. Korinther 13,7–8

Meine geliebte Tochter!
>Möge deine Liebe mutig sein. Möge sie deine Zeiten der Sorge und der Freude überspannen und durch die Hochs und Tiefs des Lebens fließen wie ein Bach durch einen Gebirgs-Pass. Möge sie in schweren Zeiten bis zu den Tiefen deiner Alltagssorgen hindurchdringen und einen Kanal durch den Grund jedes Problems graben und Erfrischung und Hoffnung bringen. Über alle Anforderungen und über alle Veränderungen hinweg möge der Mut deiner Liebe durchhalten. :-)
Mögest du dich selbst über andere ausgießen, bis aus dem Bach ein breiter Strom geworden ist und der Kanal, durch den er fließt, tiefer und sicherer und breiter geworden ist. Wenn du meine Liebe durch dich hindurchfließen lässt, dann werden all diese Dinge geschehen, denn gemeinsam senden wir einen Strom der Liebe in eine leidende Welt hinein. Freust du dich darauf?
Der Strom der Liebe,
>Gott

Dein Heim – ein Heiligtum

Nehmt nicht die Forderungen dieser Welt zum Maßstab, sondern ändert euch, indem ihr euch an Gottes Maßstäben orientiert. Nur dann könnt ihr beurteilen, was Gottes Wille ist, was gut und vollkommen ist und was ihm gefällt.

Römer 12,2

Schalom, meine Liebe!
>Auch wenn du umringt bist von den Moralvorstellungen einer verführbaren Welt, kann doch dein Heim ein Heiligtum der Barmherzigkeit und des Friedens sein. Beschließe, für dich und deine Lieben eine Atmosphäre der Hoffnung und Harmonie zu schaffen, wo die Menschen wertgeschätzt, Freundschaften gepflegt und mein Name geehrt und verherrlicht wird.
Erfülle dein Heim mit den Segnungen des Lebens – mit blühenden Blumen, lachenden Kindern, einem Tisch voller leckerer Sachen. Mache aus deinem Heim eine Zuflucht, einen sicheren Ort, wo man ohne weiteres man selbst sein darf und wo Schwächen akzeptiert werden; einen Ort, wo das Gebet die zerfaserten Ränder der täglichen Enttäuschungen zusammenflickt. In deinem Heim mögen meine Worte willkommen sein und mein Sohn dein Dauergast.
Der Unverführbare, :-)
>Gott

Brunnen Verlag 11:55 100%

Meine Liebe macht dich frei

Wirkliche Liebe ist frei von Angst. Ja, die Liebe vertreibt sogar die Angst. Wer sich also fürchtet und vor der Strafe zittert, der beweist damit nur, daß er wirkliche Liebe noch nicht kennt.

1. Johannes 4,18

Hallo, da bin ich wieder!
>Es gibt keinen Weg, gleichzeitig ein erfülltes, freies und ängstliches Leben zu führen. Das ist einfach nicht möglich. Freiheit und Angst können nicht nebeneinander existieren. Das Ziel der Angst ist es, das Fest der Freude in deinem Herzen zu zerstören und es in einen Käfig aus Was-wäre-Wenns zu sperren. «Was wäre, wenn dies geschieht? Was wäre, wenn das passiert?» Die Angst kann deinen Glauben lähmen, wenn du ihn eigentlich am meisten brauchen würdest. >:-(
Und darum rufe mich, wenn du das Gesicht der Angst an der Tür deiner Freude siehst. Meine vollkommene Liebe wird die Angst weit fortjagen. Und dann wird dein Herz wie ein Vogel aus seinem Käfig befreit, um voller Freude aufzusteigen, in dem Wissen, dass all deine Wenn und Aber angesichts meiner Freiheit ihre Kraft verloren haben.
Die Liebe, die die Angst überwindet,
>Gott

Brunnen Verlag 11:55 100%

Verlasse dieses Spiel

Sei geduldig und warte darauf, daß der Herr eingreift! Entrüste dich nicht, wenn Menschen böse Pläne schmieden und ihnen dabei alles gelingt!

Psalm 37,7

Hallo, meine Liebe!
>Hattest du schon einmal den Eindruck, dass die Welt von einem Spiel namens «Mehr, mehr, mehr!» beherrscht wird? Es wird gerangelt um mehr Besitz, mehr Geld, mehr Macht, mehr Ansehen, mehr Auszeichnungen. Der Wert eines Menschen wird bemessen nach den Nullen auf dem Bankkonto und der Zahl der Autos in der Garage. Pass auf! Diese Mentalität ist äußerst verführerisch. Sie ködert dich in Zeitungsanzeigen, Werbespots im Fernsehen und vielleicht sogar durch die Lebensweise deines Nachbarn. >:-(
Aber meine Worte an dich heißen: «Warte» und «vertraue». Vergleiche dich nicht mit anderen. Verlasse dieses Spiel. Dein Wert hat nichts mit Prestige-Dingen und Geld zu tun. Du bist meine kostbare Schöpfung, die durch meinen vollkommenen Sohn erlöst wurde. Finde deine Identität einzig in mir. Das soll dir reichen.
Der, der dich vollkommen liebt,
>Gott

Brunnen Verlag 11:55 100%

Sei ein Gefäß für Christus

Könnte ich aus göttlicher Eingebung reden, wüßte alle Geheimnisse Gottes, könnte seine Gedanken erkennen und hätte einen Glauben, der Berge versetzt, aber mir würde die Liebe fehlen, so wäre das alles nichts.

1. Korinther 13,2

Mein Friede sei mit dir!
>Die Frau, die meinem Sohn am ähnlichsten ist, ist nicht unbedingt auch die begabteste. Auch wenn Jesus natürlich sehr begabt war, war doch das wirkliche Kennzeichen seines Wesens die Liebe. Hinter jeder beeindruckenden Tat, hinter jedem erstaunlichen Wunder, hinter jedem Wort stand sein Herz aus Liebe. Jesus war die personifizierte Liebe, begleitet von meinem Willen und meinem Rückhalt. Als Christ (das heißt, als einer wie Christus) zu leben bedeutet, dass man zu einem Gefäß wird, das mit seinem Geist der Liebe gefüllt wird. Begabung zählt wenig, wenn dahinter keine Liebe steht. Aber wenn du mit der Kraft des Geistes handelst, dann wird die Liebe von Jesus alles, was du tust, anregen und verändern. Sie wird deine Begabungen beleben und deinen Glauben stark machen. Nun komm, lass dich füllen, und lebe in der Liebe.
Dein dich liebender Vater,
>Gott

Ich sehe deinen Herzenswunsch

Als Jesus wieder aus dem Wasser stieg, öffnete sich der Himmel über ihm, und er sah den Geist Gottes wie eine Taube herabschweben und auf sich kommen. Gleichzeitig sprach eine Stimme vom Himmel: «Dies ist mein geliebter Sohn, an dem ich Freude habe!»

Matthäus 3,16–17

Hallo, magst du mir zuhören?
>Am Tag der Taufe meines Sohnes habe ich ihn angesehen und sah einen Mann, der darauf wartete, mich zu ehren und zu verherrlichen, indem er sein Schicksal und seine Bestimmung erfüllte. Ich war vor lauter Liebe zu ihm total überwältigt, und vor der Menge, die an dem Fluss zusammengekommen war, sagte ich: «Dies ist mein Sohn. Ich liebe ihn, und ich freue mich über ihn!» :-)
Du sollst wissen, dass jeder Mensch, der lebt, auf der Suche nach seiner Bedeutung ist, und dass jeder sich danach sehnt, solche Worte der Bestätigung zu hören. Du sollst sie jetzt von mir hören – heute. Du bist meine Tochter. Ich liebe dich. Ich sehe, dass es dein Herzenswunsch ist, mich zu ehren und dein Schicksal und deine Bestimmung zu erfüllen, und ich bin sehr erfreut über dich. Komm, lebe in der Gewissheit, dass ich dich angenommen habe.
Der, dem du glauben darfst,
>Gott

Nun ja, die Kritiker ...

Da nahm Maria ein Gefäß mit kostbarem Salböl, goß es über die Füße Jesu und trocknete sie mit ihrem Haar. Der Duft des Öls erfüllte das ganze Haus.

Johannes 12,3

Ich grüße dich!
>Maria wurde dafür kritisiert, dass sie einen teuren Krug Öl verschwendet habe, um die Füße meines Sohnes damit zu salben. :-(Ihre selbstgerechten Kritiker sagten, sie hätte das Öl verkaufen und das Geld den Armen geben sollen. Aber Maria war gewillt hinzunehmen, dass man sie für einfältig oder gar bösartig hielt, um dafür ihren größten Besitz für ihre größte Liebe auszugießen.
Marias außergewöhnliche Liebe zu Jesus soll für dich eine wichtige Erkenntnis sein. Bitte sei nicht zurückhaltend in deiner Beziehung zu meinem Sohn. Sei nicht so «vernünftig», dass du die Freude versäumst, wenn du das Beste von dir und deinen Begabungen für ihn und sein Reich ausgießt. Andere mögen zur Vorsicht mahnen. Andere mögen den Kopf schütteln. Aber ich dränge dich, dass du in dieser Beziehung alle Vorsicht in den Wind schlägst und ihn von ganzem Herzen liebst. :-)
Dein außergewöhnlicher Vater,
>Gott

Wach auf für das Fest!

Singen will ich für den Herrn, solange ich lebe, für meinen Gott will ich musizieren mein Leben lang. Wie freue ich mich über den Herrn – möge ihm mein Lied gefallen!

Psalm 104,33–34

Meine geliebte Tochter!
>Verliere nicht dein Bewusstsein für das Geheimnis und die Schönheit des Lebens. Ich weiß, es kann so verlockend sein, in den Trott zu verfallen, einfach deinen Tagesplan abzuarbeiten und dann ins Bett zu steigen. Nur um am nächsten Morgen wieder aufzuwachen und alles wieder von vorne zu erleben. Dabei verpasst du so viel! :-(
Wenn du für alles, was dich umgibt, «eingeschlafen» und unempfänglich bist, dann wird es Zeit, dass ich dich aufwecke für dieses Fest namens Leben. Ich lege wunderbare Dinge auf deinen Weg zur Arbeit. Mach die Augen auf, damit du sie sehen kannst. Ich stelle einzigartige Menschen in deinen Alltag. Achte auf sie. Und ganz wichtig ist: Ich habe dir einen freien Willen gegeben, damit du dich zwischen dem Wunder des täglichen Lebens und der Verzweiflung des täglichen Sterbens entscheiden kannst. Wähle doch das Wunder!
Die Quelle deiner Freude,
>Gott

Brunnen Verlag 11:55 100%

Lache, tanze und feiere

Du zeigst mir den Weg, der zum Leben führt. Du beschenkst mich mit Freude, denn du bist bei mir. Ich kann mein Glück nicht fassen, nie hört es auf.

Psalm 16,11

Schalom, meine Liebe!
>Ich habe dich nicht dafür gemacht, dass du in Sack und Asche herumläufst und ständig die Stirn runzelst. Ich habe dich für die Freiheit berufen. Ja, es gibt eine Zeit für Weinen und für Buße, aber doch nicht die ganze Zeit! Hör auch mal damit auf!
Wenn du spürst, dass deine Freude einem dubiosen Vorbild falscher Frömmigkeit geopfert wurde, dann sage ich: Lass meine Freude in deinem Herzen ein Fest feiern. Lach laut heraus. Tanze wie König David. Singe mit den Engeln. In meiner Gegenwart ist wahre Freude, die das Herz überfließen lässt. Die Freude meiner Gesellschaft geht nicht vorüber. Sie dauert an, und sie dauert ewig. Warte nicht mit dem Feiern, bis du in den Himmel kommst. Fange hier und jetzt damit an. :-) An mir soll's nicht liegen!
Dein freudiger Vater,
>Gott

Brunnen Verlag 11:55 100%

Der Bräutigam kommt

«Plötzlich um Mitternacht wurden sie mit dem Ruf geweckt: ‹Der Bräutigam kommt! Steht auf und begrüßt ihn!› Da sprangen die Mädchen auf und brachten ihre Lampen in Ordnung.»

Matthäus 25,6–7

Friede sei mit dir!
>Viele Christen haben es aufgegeben, in die Kirche zu gehen. Sie glauben zwar an mich, aber sie haben satt, was sie «die Heuchelei organisierter Frömmigkeit» nennen. Ich möchte nicht, dass auch du in diesen geistlichen Graben fällst.
Die Kirche ist die Braut Christi, und Jesus ist der Bräutigam, der zu seiner wunderschönen, liebenswerten Braut zurückkehrt. Sie ist noch nicht vollkommen, aber sie ist immer noch die eine, die mit Jesus verlobt ist. Und jeder Christ ist dazu aufgerufen, diese Braut zu schmücken, während wir auf seine Ankunft warten. Darum gehe weiterhin zur Kirche. Jesus kommt nicht zurück zu einer verstreuten Gruppe geistlicher Besserwisser, die sich über seine Braut lustig machen oder beklagen. Er kommt zurück zu einer vereinigten Gruppe von Menschen, die sich entschieden haben, die Unvollkommenheiten der Kirche als ihre Verantwortung anzunehmen – einer Gruppe von Menschen, die sich verpflichtet haben, sie zu vervollkommnen.
Der Bräutigam ist auf dem Weg,
>Gott

Brunnen Verlag 11:55 100%

Ich gebe dir einen neuen Namen

Du wirst einen neuen Namen tragen, der Herr selbst wird ihn dir geben. Ein Schmuckstück wirst du sein, das der Herr in seiner Hand hält wie ein König seine Krone.

Jesaja	62,2

Hast du etwas Zeit für mich?
>Oft wachsen Mädchen mit Vätern auf, die sie psychisch zerstören, anstatt sie zu segnen. Diese Mädchen werden dann von Namen wie «Fette Kuh», «Dummerchen» oder «Pickelgesicht» verfolgt, selbst wenn sie längst erwachsen sind. >:-(Ich bin dein dich liebender Vater. Wenn dein irdischer Vater dich mit solch verletzenden Namen abgestempelt hat, dann möchte ich heute deinen Namen ändern. Wenn du jemals geglaubt hast, dass dein Name «Wertlos» oder «Unbedeutend» lautete oder gar «Schwarzes Schaf», dann soll dein neuer Name «Unbezahlbar in meinen Augen», «Über alles geschätztes Kind des Vaters» und «Ewig geliebt und angenommen» lauten. Mit mir in deinem Leben musst du nicht mehr von den alten negativen Namen heimgesucht und gejagt werden. Ich möchte nicht nur deinen Namen ändern, sondern auch dein Schicksal.
Der, der dich am besten kennt,
>Gott

Ertrinke nicht in der Badewanne

Alle sind Sünder und haben nichts aufzuweisen, was Gott gefallen könnte. Aber was sich keiner verdienen kann, schenkt Gott in seiner Güte: Er nimmt uns an …

Römer 3,23–24

Hallo, meine Liebe!
>Wusstest du, dass man genauso leicht in einer Badewanne ertrinken kann wie im Atlantik? :-o Wenn eine selbstgerechte und verurteilende Frau heimlich auf eine andere Frau herabsieht, die in einem Ozean offensichtlicher und öffentlicher Sünde ertrinkt – dann ertrinkt die Erste in Wirklichkeit selbst in einer Badewanne voller tückischer Selbstgerechtigkeit. Jeder Mensch ist unvollkommen und sündigt. Dabei kommt es nicht darauf an, ob er als Krimineller hundert Meter tief ins Wasser sinkt oder als Schwätzer nur ein paar Zentimeter unter die Oberfläche. Nur weil Jesus in die Tiefen hinuntergegangen ist und wieder über die Oberfläche erhoben wurde, können alle gerettet werden. Wenn du dich also verleiten lässt, über andere zu urteilen, dann denke daran, dass einzig meine Gnade mächtig genug ist, deinen Kopf über Wasser zu halten.
Dein Lebensretter, :-)
>Gott

Brunnen Verlag 11:55 100%

Horizont erweiterndes Leben

Jesus sah sie ernst an: «Für Menschen ist es unmöglich, aber nicht für Gott. Bei ihm gibt es kein ‹Unmöglich›.»

Markus 10,27

Hallo, da bin ich wieder!
>Ich habe große Dinge mit dir vor, aber du musst dazu einige Risiken auf dich nehmen. Wenn du immer nur auf Nummer sicher gehst, dann wirst du niemals das Wunder meines Wirkens in dir erleben. Wenn du immer nur dort im Schwimmbecken schwimmst, wo du den Rand mit ausgestrecktem Arm erreichen kannst, dann wirst du nie den Kick erleben, über deine Grenzen hinauszugehen.
Ich möchte nicht, dass du ein leichtsinniges Leben führst, aber ich möchte doch, dass du ein Leben führst, das deinen Horizont erweitert. Folge mir über deine eigenen persönlichen Kräfte und Fähigkeiten hinaus an einen Ort, wo die wunderbaren Dinge, die in deinem Leben geschehen, wirklich nur noch durch meine Gegenwart in dir erklärbar sind. Beschränke dich nicht auf das, was du leicht und bequem erreichen kannst. Lebe ein Leben jenseits deiner Grenzen.
Der Vater der grenzenlosen Möglichkeiten,
>Gott

Brunnen Verlag 11:55 100%

Das Auge des Sturms

«Hört auf!» ruft er, «und erkennt, daß ich Gott bin! Ich stehe über den Völkern; ich habe Macht über die ganze Welt.» Der Herr über Himmel und Erde ist mit uns! Der Gott Jakobs ist unser Schutz!

Psalm 46,11–12

Ein kleiner Gedanke für dich!
>Das Leben geht in einem solch hektischen Tempo voran. Wenn die Leute länger als eine Minute in der Schlange stehen müssen, dann denken sie schon: «Warum dauert das nur so lange?» Die augenblickliche Befriedigung ist das Mantra der modernen Welt. >:-(
Leider wird diese Hektik auch zu einem Mantra, das in der Kirche gesungen wird. Manche Leute möchten, dass an mein Haus ein geistlicher «Drive-in» angebaut wird. Aber ein Leben in Eile tötet den Geist. Ich möchte, dass du die Stille und die Ruhe suchst, während die meisten Leute auf Reichtum und Tempo aus sind.
Um inmitten einer geschäftigen Welt ruhig und still zu sein, muss man eine Lebensweise entwickeln, die der Gesellschaft entgegenwirkt. Man muss sich dafür entscheiden, das Auge im Zentrum des Lebenssturms zu sein. Setz dich und konzentriere dich auf mich. Du wirst die Klarheit finden, um die Lüge der Eile und Hektik zu erkennen. Komm!
Der, der dir Frieden gibt,
>Gott

Auch du wirst von etwas bewegt

Wenn ihr mich liebt, werdet ihr so leben, wie ich es euch gesagt habe. Dann werde ich den Vater bitten, daß er an meiner Stelle jemanden zu euch senden soll, der euch helfen wird und euch nie verläßt.

Johannes 14,15–16

Ich bin's wieder mal. Geht's dir gut?
>So wie die Gezeiten des Meeres vom Mond ausgelöst werden, so wie die Wolken vom Wind gestoßen werden, so wirst auch du von etwas bewegt. Manche Menschen werden von der Furcht bewegt. Andere werden bewegt von dem Bedürfnis, andere zu beeindrucken. Menschen, die mir nur gehorchen, weil sie die Hölle fürchten oder weil sie vor anderen als Heilige dastehen wollen, werden mich und meine Liebe niemals wirklich und authentisch kennen lernen. :-(
Ich möchte, dass du allein von der Liebe bewegt wirst. Liebe ist die Kraft im Innern meines Wesens. Und solange du nicht zulässt, dass diese Realität dich bewegt, werden deine Motive bestenfalls durchmischt sein. Also komm zu mir. Lies mein Wort. Schalte dich in das wechselseitige Gespräch ein, das auch als Gebet bekannt ist. ;-) Wenn du mich kennen lernst, dann wirst du von der Kraft meiner Liebe in ein Leben des Gehorsams hineingezogen.
Der Herzschlag der Liebe,
>Gott

Brunnen Verlag 11:55 100%

Geh unter meinem Feldzeichen

Unter seinem Schatten zu sitzen begehre ich, und seine Frucht ist meinem Gaumen süß. Er führt mich in den Weinkeller, und die Liebe ist sein Zeichen über mir.

(Luther 1999) Hoheslied 2,3–4

Ein kleines Mail an dich:
>Als die Ritter des Mittelalters in die Schlacht zogen, gingen sie unter dem Feldzeichen des Königs, dem sie dienten. Ich bin dein Vater und dein König. Wenn du dich in die alltäglichen Umstände deines Tages begibst, dann geh unter dem Feldzeichen der Liebe. Unter dem Zeichen der Liebe wirst du ausgerüstet, damit du dich um die Bedürftigen kümmern kannst, damit du den Rechtlosen beistehen kannst und damit du der Konfrontation mit dem Feind standhalten kannst. Da draußen gibt es Menschen, die sterben dafür, nur um mich kennen zu lernen. Da draußen ist eine Welt, die nur darauf wartet, gerettet zu werden. Da draußen ist eine Welt, die auf deinen Mut und deine «Ritterlichkeit» angewiesen ist. Geh unter dem Feldzeichen meiner Liebe. Geh hinaus im Namen meines Sohnes Jesus, der die personifizierte Liebe ist. Sattle dein Pferd und geh!
Der Feldherr im Getümmel,
>Gott

Brunnen Verlag 11:55 100%

Mach deine Post auf!

Dein Wort ist meine Lieblingsspeise, es ist süßer als der beste Honig … Im Leben eines Menschen wird es hell, wenn er anfängt, dein Wort zu verstehen.

Psalm 119,103+130

Mein Friede sei mit dir!
>Stell dir vor, du gehst zu deinem Briefkasten und findest einen Brief von deiner besten Freundin. Würdest du ihn aufs Regal legen, ohne ihn zu lesen? Würdest du ihn auf den Kaffeetisch legen, ohne ihn auch nur zu öffnen und herausfinden zu wollen, was sie dir zu sagen hat? Ich denke nicht! Du würdest ihn aufreißen und jedes Wort lesen, das deine Freundin dir geschrieben hat. Und zwar zwei, drei, vier Mal! Glaubst du, dass ich der beste Freund bin, den du jemals haben wirst? Ja, das bin ich. Und ich habe dir einen Brief namens Bibel geschickt. Er offenbart dir ganz vertrauliche Hinweise auf mein Wesen. Er enthält Rat und Trost und einen Ausblick auf deine Zukunft. Bitte, lass diesen Brief nicht einfach irgendwo liegen. Stopf ihn nicht ins Regal. Stürze dich in diese Gute Nachricht und lies. Du wirst dieses Buch lieben! :-)
Dein Vater und bester Freund,
>Gott

Die Autorin

Claire Cloninger hat als Lyrikerin schon viele Preise gewonnen. In den Vereinigten Staaten ist sie eine bekannte Schriftstellerin und gefragte Rednerin. Sie ist dort inzwischen eine der führenden Sprecherinnen in den christlichen Medien. Fünfmal hat sie den Preis der Gospel Music Association gewonnen, und ihre Lieder wurden von Künstlern wie Amy Grant, Sandi Patti, Wayne Watson und B. J. Thomas aufgenommen. Sie hat mehr als zwei Dutzend Musicals für Kirchenchöre geschrieben, darunter auch *My Utmost for His Highest* (Mein Äußerstes für sein Höchstes), *Experiencing God* und *Welcome to Our World*.

Claire hat den Universitätsabschluss in Pädagogik von der University of Southwestern Louisiana in Lafayette, wo sie 1991 zur besten Absolventin ernannt wurde. Ihre großen pädagogischen Fähigkeiten setzt sie v. a. in ihrem landesweiten Dienst als inspirierende Rednerin und auch als Leiterin von Freizeiten ein. Claire und ihr Mann Robert, ein Künstler, leben in einem Blockhaus am Ufer des Alabama-Flusses. Sie sind aktive Mitglieder der Christ Anglican Church, haben zwei erwachsene Söhne (der eine davon ist Curt, Claires Co-Autor), zwei Enkelinnen und einen Enkel.

Aus derselben Serie

Andy Cloninger
«E-Mail von Gott für Männer»

Taschenbuch, 244 Seiten
Bestellnummer 114.233
ISBN 978-3-7655-4233-6

Claire, Curt und Andy Cloninger
«E-Mail von Gott für jeden Tag»

Gebundene Ausgabe, 384 Seiten
Bestellnummer 191.823
ISBN 978-3-7655-1823-2

Aus derselben Serie

Claire und Curt Cloninger
«E-Mail von Gott für Teens»

Taschenbuch, 244 Seiten
Bestellnummer 114.230
ISBN 978-3-7655-4230-5

Claire und Curt Cloninger
«E-Mail von Gott für Teens und die Generation @»

Taschenbuch, 244 Seiten
Bestellnummer 114.231
ISBN 978-3-7655-4231-2